Haciéndose 2 UNO
CUADERNO DE EJERCICIOS

Dios Creó
EL MATRIMONIO
Él puede hacer que funcione

DON Y SALLY MEREDITH

Christian FamilyLife
Charlotte, North Carolina

©2004 DE CHRISTIAN FAMILY LIFE, INC.

Aparecieron porciones por primera vez en Becoming One © 1973, 1976, 1984, 1997 de Christian Family Life, Inc © 1979 por Thomas Nelson, Inc. Porciones también aparecieron en 2 Becoming One © 1999 de Moody Press y Don y Sally Meredith.

Todos los derechos están reservados. Ninguna parte de este libro puede reproducirse sin permiso por escrito del editorial, excepto en el caso de breves citas incorporados en artículos de crítica.

Todas las citas de las Escrituras, a menos que se indique, son de la versión Reina Valera 1960 Copyright © 1960 Sociedades Bíblicas en América Latina; Copyright © renovado 1988 Sociedades Bíblicas Unidas. Usado con permiso

Citas de escritura marcadas NVI son de la Santa Biblia Nueva Versión Internacional®. NIV®. Derechos de autor © 2000 de International Bible Society. Usado con el permiso de Zondervan Publishing House. Todos los derechos están reservados.

ISBN 978-0-9818203-1-6

1 3 5 7 9 10 8 6 4 2

Impreso en los Estados Unidos de América.

Una Publicación de Christian Family Life, Inc.
Christian Family Live les enseña a parejas prometidas y casadas los principios de Dios para el matrimonio para que puedan conocerle a Cristo más íntimamente y ser libres de servirle con más eficacia.
El ministerio de Christian Family Life se extiende principalmente por grupos célula, publicaciones, estudios domenicales y el Internet. Para más información acerca de Christian Family Life, visítenos en Internet en www.2becoming1.com.

Para pedir recursos visite www.2becoming1.com, o llame al 001.800.264.3876.

ÍNDICE

Introducción:	Emprender el viaje hacia la unión	5

PRIMERA PARTE: **LA PARTE DE DIOS**
Aceptar por fe los principios de Dios para la unión

Primera semana:	Nuestro obstáculo y los propósitos de Dios para el matrimonio	11
Segunda semana:	La provisión de Dios para la unión	27
Tercera semana:	El poder de Dios para la unión: El ministerio del Espíritu Santo	43
Cuarta semana:	Los instrumentos de Dios para el cambio: Amor y bendición	63
Quinta semana:	El orden de Dios para la unidad marital: Amor y respeto mutuos	85

SEGUNDA PARTE: **NUESTRA PARTE**
Actuar en fe sobre los principios de Dios para la unión

Sexta semana:	Las pruebas matrimoniales	105
Séptima semana:	El romance y la realización sexual	123
Octava semana:	La comunicación y la resolución de conflictos	143
Conclusión:	Seguir con el viaje	162
Apéndices:	Cuaderno de Oración, Recompromiso de los Votos Matrimoniales, Tarjetas de Memorización de Versículos	167

Emprender el VIAJE
hacia la unión

... y los **dos** *serán* **una** *sola carne.*

MATEO 19:5

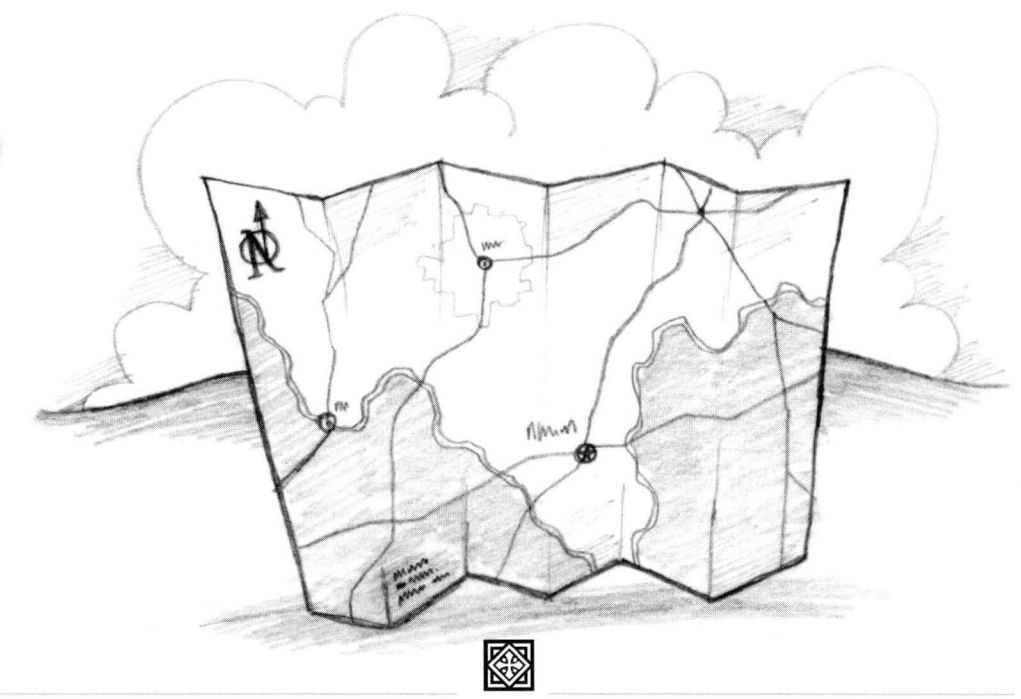

EL PROPÓSITO DEL VIAJE

¿Alguna vez se ha preguntado dónde puso Dios el manual operativo del matrimonio? Si diseñó el matrimonio, ¿puede hacer que funcione?

El día de la boda es tanto una celebración como un punto de arranque. Celebran su consagración ante Dios y embarcan en un nuevo viaje como marido y mujer. Se pasa de decir, "Sí, quiero," a decir, "¿Y ahora qué?" No pasa mucho tiempo antes de que muchas parejas se encuentran estancados en el difícil terreno de conflicto, complacencia y egocentrismo, nunca pudiendo llegar a la cima de la verdadera intimidad.

¿Hacia dónde va su matrimonio? ¿Intimidad o irritación?

Lo que les estanca a la mayoría de las parejas en su viaje hacia la intimidad es su preocupación con la *actuación*. Vemos nuestra pareja como el problema en lugar de la provisión que Dios nos da para nuestras necesidades. Culpamos más de lo que bendecimos. Movemos de una infatuación por las fortalezas de nuestra pareja a una fijación en sus debilidades. Resumiendo, esperamos que actuen según nuestro agrado antes de mover hacia la intimidad.

Dios dijo en el Jardín, "Por tanto, dejará el hombre a su padre y a su madre, y se unirá a su mujer, y serán una sola carne." (Génesis 2:24). El matrimonio, desde el punto de vista de Dios, es simplemente "hacerse uno." Eso es la esencia del matrimonio, perseguir la "unión." La meta de este estudio es ayudarles a "hacerse uno" al escrutinar la Palabra de Dios para encontrar directrices para construir un matrimonio basado en Cristo.

Al ser enfrentado por temas de relaciones en el matrimonio, su respuesta natural será de esperar que su pareja cambie y arregle el problema. Pero ese camino solo lleva a callejones sin salida en el matrimonio. Si su meta en el matrimonio es la verdadera intimidad, significará depender de algo más allá de su propia fuerza—la fe en Dios y Su manual para el matrimonio, las Escrituras.

En este estudio, su matrimonio embarcará en un viaje desde una relación *basada en la actuación* rumbo a una relación *basada en la fe*. Por el camino, será exhortado a:

Aceptar por fe los principios de Dios para la unión.

Actuar por fe en los principios de Dios para la unión

Al comenzar con *Dos Haciéndose Uno*, hay cuatro cosas que debemos mantener a la vista.

1. Fuimos creados para las relaciones

Primero, Dios nos creo para las relaciones, tanto consigo mismo como con los demás. Fue San Agustín quien dijo, "Tú nos has creado para Tí mismo, O Dios, y nuestros corazones están inquietos hasta que encuentren su descanso en Tí." Toda la Escritura habla de nuestra relación con Él: cómo conseguirla, cómo mantenerla, cómo descansar en ella, cómo comunicarla y cómo disfrutarla.

Pero Dios no quería que tuviéramos una relación solamente con Él. Creó otras personas para que pudiéramos aprender a vivir con ellos y amarlos que Él pone en nuestras vidas. El amor y las relaciones son un tema principal en la Biblia, empezando por Génesis y culminando en Apocalípsis. Si las relaciones son tan importantes a Dios, debemos hacernos la pregunta: ¿Por qué el matrimonio? ¿Qué hay en el matrimonio que sea tan importante para Dios? ¿Qué hay en el matrimonio que sea tan importante para nosotros?

2. Debemos conformarnos a la imagen de Jesucristo.

¿Será que Dios creó el matrimonio, la relación humana más íntima, como uno de sus principales propósitos para nuestra refinamiento, para cambiar nuestra naturaleza humana egoísta, y para hacernos más conscientes de los demás? ¿Es esto el significado cuando dice que estamos siendo conformados a las imagen de Jesucristo (Romanos 8:29-"a los que antes conoció, también los predestinó para que fuesen hechos conformes a la imagen de su Hijo")? ¿Qué mejor manera de hacernos más conscientes de los demás que darnos una pareja, muy distinta a nosotros, para moldearnos en Su imagen? Y este proceso toma su tiempo, de hecho, todo una vida. Requiere estudio. Requiere trabajo. Requiere, para decirlo de alguna manera, sangre, sudor y lágrimas. ¿Es por esta razón por lo que el matrimonio debe ser para toda la vida—"hasta que la muerte nos separe"?

El propósito de este estudio no es crear un gran matrimonio. Es construir un gran matrimonio que glorifica y sirve a Dios. El matrimonio no es el enfoque y propósito principal de Dios. Nuestra meta más importante enla vida debe ser amarle y servirle a Dios (véanse Marcos 12:30; Mateo28:19-20). Mediante el matrimonio, Dios nos moldea a la imagen de Su Hijo, para que nosotros podamos entrenar nuestros hijos y ayudar a cambiar el mundo con Su gracia.

3. El matrimonio es un pacto.

Dios creó el matrimonio como un pacto (véanse Proverbios 2:16-17; Malaquías 2:14-16). A los ojos de Dios el pacto matrimonial es un contrato de responsabilidad legal que debe ser ratificado o confirmado públicamente ante Dios Mismo y Sus testigos (ej. la comunidad de creyentes). Los votos matrimoniales bíblicos expresan no solamente nuestro compromiso ordenado divinamente, sino que también sellan nuestro pacto matrimonial ante Dios, atándonos a Él, a unos mismos y a Su pueblo—¡por el resto de nuestras vidas! Porque Dios dijo, "lo que Dios juntó, no lo separe el hombre." (Mateo 19:6).

4. El matrimonio es un compromiso.

El pacto de matrimonio ante Dios se sostiene y se realiza plenamente mediante nuestro compromiso, primero a Él y luego a nuestra pareja.. Mediante el matrimonio, nos desprendemos de nosotros mismo voluntariamente para agradar el corazón de otro, primero Dios y luego nuestra pareja. Mediante el matrimonio, no solamente tomamos una persona (nuestra pareja) sino también otros (nuestros hijos) a quienes entrenaremos en las mismas lecciones en las que Dios nos entrena.

Al final de nuestras ocho semanas, confiamos de que usted estará encaminado hacia la meta que tiene Dios para todo matrimonio...la unidad.

ESTRUCTURA DEL VIAJE

Cada capítulo de nuestro viaje será compuesto por los siguientes apartados. Abajo encontrará una descripción breve de lo que debe esperar al emprender en su estudio cada semana:

Una vista rápida por delante—Antes de que parta para cualquier viaje, es buena idea enterarse de adónde va. Al comienzo de cada capítulo, verá exactamente hacia donde va en la próxima semana.

2H1 Libro acompañante—En cada capítulo se le pedirá que consulte el libro acompañante para este estudio, *Dos haciéndose uno*, escrito por Don y Sally Meredith.

Versículo de memorización—El salmista dice, "En mi corazón he guardado tus dichos, para no pecar contra ti" (Salmo 119:11). Mover desde la *actuación* hacia la *fe* en nuestros matrimonios requiere sabiduría como dirección de Dios. Cada semana, se le pedirá a usted y su esposo que se memoricen una Escritura que, si se aplica, les ayudará a conseguir la unidad.

Pasos de fe—La sabiduría es inútil sin la aplicación. Para ayudarle a pasar de la *actuación* a la *fe*, estos apartados aplican las lecciones aprendidas en la semana anterior. Estos son personales y no se comparten en clase.

Caminar diario—Cinco de cada siete días de la semana, el lector responderá a las preguntas y emprenderá en un viaje a través de material que les ayudará a mover de la actuación a la fe.

Principios de fe—En los primeros cinco capítulos, hay un principio de fe para la unión. Basados en la Palabra de Dios, estos princpios construyen unos fundamentos sólidos para la intimidad. La primera parte de este estudio se enfoca en la comprensión y aceptación de estos principios. La segunda requiere actuar sobre ellos al enfrentarnos a algunas de la pruebas de matrimonio. (En los últimos tres capítulos son las **Aplicaciones Personales**)

Un breve repaso—Al final de cada capítulo, podrá ver un panorámico de los conceptos claves en su viaje hacia la unión.

2H1 Oración—Para ayudarle a comprometerse en su estudio ante el Señor, se ofrece una oración al final que puede orar con su pareja.

Pensamientos para el camino—Tras terminar los *Viaje Diario* y la charla en grupo, se proveen notas de estudio para poder entrar en más detalle en los principios aprendidos durante la semana.

El poder de este estudio viene de su compromiso ante Dios y Su Palabra a su pareja y a los de su grupo de estudio. Para ayudarle con estos compromisos, encontrará versículos de memorización, un formulario semanal de motivos de oración y unos votos sugeridos de "recompromiso" en la parte de atrás de este manual.

DIRECTRICES PARA EL VIAJE

Para crear más eficacia en su grupo de estudio, considere estas cuatro directrices prácticas:

1. Tamaño

Creemos que su tiempo será de más recompensa con cuatro a seis parejas.

2. Horario y Localización

El tiempo real de reunirse no debe ocupar más de dos horas, pero asegúrese de incluir tiempo para orar y tener comunión. Es mejor reunirse una vez a la seman (durante ocho semanas) para tener una continuidad. Ya sea que se reunan en la iglesia o en casas, es importante que el sitio sea cómodo y conductivo a una conversación abierta e íntima.

3. Atmósfera

El amor y el rendimiento de cuentas son los conceptos claves que hacen que la experiencia en grupo de *Dos haciéndose uno* tenga éxito. La gente no debe sentirse presionada a compartir cosas demasiadas personales en ningun momento. No obstante, la confianza mutua ayudará a crear una trasparencia mutua que enriquecerá la charla del grupo.

4. Compromisos

En la primera reunión su grupo se beneficiará al acordar comprometerse a los siguiente:

A su matrimonio—Este estudio es para parejas que desean una búsqueda sincera de intimidad y profundidad. Cada semana se le va a pedir que rellene preguntas y ejercicios profundos. Está diseñado para parejas que están en todas las etapas del matrimonio—desde las parejas prometidas hasta los que tienen nietos. *Sin embargo, las parejas que estén luchando con temas serias matrimoniales, emocionales, sexuales o espirituales necesitarán un terapeuta profesional antes de emprender este estudio.*

A los viajes diarios, pasos de fe, lectura y memorización de Escrituras—Su recompensa al terminar este viaje será determinado por su dedicación a las tareas, aplicaciones, lecturas y su caminar espiritual con Dios. La lectura, las tareas y la aplicación personal se pueden hacer en una o dos horas a la semana. Terminar las tareas cada semana es crucial a la atmósfera del grupo. **Cada persona debe tener su propio libro de ejercicios.**

Al grupo—Es difícil crear confianza y un ambiente abierto con las parejas a menos que comprometa su tiempo y energía. Vea estas semana como una prioridad—incluso sagradas—y necesarias para su búsqueda de uníon como pareja. Comprómetase en oración con su pareja a asistir y a estar dispuestos a participar en la mayoría de las reuniones.

Al líder—Utilice el manual del líder para *Dos haciéndose uno* para asegurarse de que se dan las respuestas completas. Además, como ayuda en su preparación, escuche el CD auditivo del líder cada semana. El manual del líder y el CD se pueden pedir en www.2becoming1.com

Social

Este estudio está diseñado para crear fuertes relaciones entre las parejas de cada grupo. A causa de esto, recomendamos que cada grupo planifique un tiempo social para todos una vez se haya terminado el estudio. Muchos grupos usan este tiempp social como oportunidad para compartir, tener comunión, incluso para crear estrategias sobre como ayudar a que otros matrimonios en su iglesia se basen en la fe.

¡Vamos a empezar el viaje hacia la unión!

UNION... LA PARTE DE DIOS

Aceptar por fe:

Los propósitos de Dios
para el matrimonio
(Primera semana)

La provisión de Dios
para la unión
(Segunda semana)

El poder de Dios para la unión
(Tercera semana)

Los instrumentos de Dios
para el cambio
(Cuarta semana)

El orden de Dios
para la unión marital
(Quinta semana)

PRIMERA SEMANA:

Nuestro obstáculo y LOS PROPÓSITOS DE DIOS *para el matrimonio*

VERSÍCULO DE MEMORIZACIÓN

Y creó Dios al hombre a su imagen,

a imagen de Dios lo creó;

varón y hembra los creó.

(Génesis 1:27)

NUESTRO OBSTÁCULO Y LOS PROPÓSITOS DE DIOS PARA LA UNIÓN

Cuatro palabras dijeron todo. Aparecían en negrita dentro de la ventana de una joyería en Hollywood. "ALQUILAMOS ANILLOS DE BODA." Las bodas de Hollywood alumbran todas las revistas de corazón. ¿Cuándo fue la última vez que vio un 50 aniversario en esas mismas revistas? Para muchos, el matrimonio se ha convertido en un acontecimiento de un día en lugar de un compromiso para toda la vida.

Cualquiera puede casarse; pocos pueden sostener un matrimonio.

¿Qué hay entre usted y el divorcio? Qué tal esta pregunta: ¿Qué obstáculos evitan que usted llegue a la verdadera intimidad en su matrimonio? Si el 33% de todos los matrimonios, cristianos y no cristianos, terminan en divorcio o separación, ¿cuál es el porcentaje de matrimonios que terminan en intimidad? Muchos de los que se casan con su "media naranja" se encuentran tres años más tarde con un "limón."

¿Dónde se encuentra hoy? ¿Recién casado? ¿Rascando la picadura de siete años o celebrando treinta años de compromiso matrimonial? A pesar de su etapa en el matrimonio, enamorados o a puntos de estallar, si ha escogido este libro de ejercicios, podemos decir que desea lo que Dios creó en el corazón de todo hombre y mujer: un deseo de intimidad, de transparencia, de unión.

UNA VISTA RÁPIDA POR DELANTE

¿Por qué fracasan los matrimonios? Piénselo un momento. El día de la boda está lleno de buenas intenciones y promesas hechas de corazón. ¿Cómo pasamos de decir "Sí quiero" a "¡Váyase!"? En esta lección exploraremos la razón primaria por la que la mayoría de los matrimonios se encuentran ante un obstáculo a la unión: no se mueven de una relación basada en la actuación a una relación basada en la fe.

Para pasar este obstáculo, debemos aceptar los cinco principios de fe que Dios nos da para la unión. En esta primera semana, no solamente experimentaremos obstáculos a la verdadera intimidad matrimonial, sino que descubriremos el primer principio de fe para la unión.

Pregúntese esto, "¿Cuál es el propósito de mi matrimonio?"
- ¿Para no estar sólo?
- ¿Para tener niños?
- ¿Porque me enamoré?

Se sorprenderá al descubrir que el Autor del matrimonio tiene tres propósitos claros para el matrimonio que nos darán el comienzo en nuestro viaje desde la actuación hasta la fe. En nuestro estudio de Génesis 1, descubriremos como estos tres propósitos van a abarcar nuestro primer principio de fe para la unión.

  ## Caminar diario, Día uno

Antes de empezar su primer viaje diario, léase capítulos 1-3 en su libro acompañante, Dos haciéndose uno, por Don y Sally Meredith.

1. Del libro acompañante, *Dos haciéndose uno*, capítulo dos, haga una lista de las seis razones por las que fallan los matrimonios.

_____
_____
_____
_____

2. Al ver estas seis razones, la mayor lucha que tengo en mi matrimonio es _____ porque:

_____
_____
_____
_____

3. Al ver las cuatro etapas del declive matrimonial en el capítulo tres de *Dos haciéndose uno*, haga una lista de las cuatro etapas y luego diga en cuál se encuentra su matrimonio y por qué.

_____
_____
_____
_____

4. La mayoría de las parejas operan con la creencia de que cada persona debe "poner de su parte." Al mirar la figura abajo, describa una situación en su matrimonio cuando pasó por este ciclo.

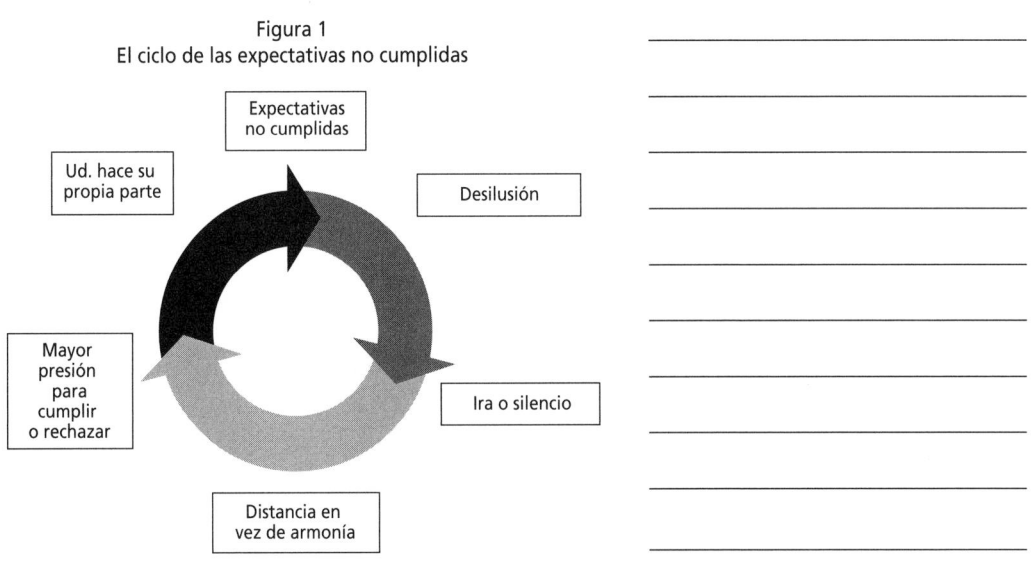

Figura 1
El ciclo de las expectativas no cumplidas

La mayoría de las parejas definen el amor en términos de sentimientos. No puede haber fundamento más débil en el matrimonio.

📅 2 Caminar diario, Día dos

1. Léase 1ª Pedro 2:21-25 abajo:

   Pues para esto fuisteis llamados; porque también Cristo padeció por nosotros, dejándonos ejemplo, para que sigáis sus pisadas; el cual no hizo pecado, ni se halló engaño en su boca; quien cuando le maldecían, no respondía con maldición; cuando padecía, no amenazaba, sino encomendaba la causa al que juzga justamente; quien llevó él mismo nuestros pecados en su cuerpo sobre el madero, para que nosotros, estando muertos a los pecados, vivamos a la justicia; y por cuya herida fuisteis sanados. Porque vosotros erais como ovejas descarriadas, pero ahora habéis vuelto al Pastor y Obispo de vuestras almas.

1. ¿Cómo respondía Cristo a los que le insultaban?

2. ¿Cómo respondió la última vez que su pareja le dañó?

Tras escribir su experiencia, si respondió negativamente, busque perdón de Dios (1ª Juan 1:9), luego vaya a su pareja. Al explicar cómo sintió el daño, esperamos que su pareja también buscará perdón por su infracción, pero ¡no lo espere! Eso sería volver de una relación basada en la fe a una relación basada en la actuación.

3. Léase Juan 17:20-21. ¿Qué significa unión en este pasaje, y cómo se puede aplicar al matrimonio?

Antes de empezar el próximo viaje diario, léase el capítulo 4 en su libro acompañante, Dos haciéndose uno, por Don y Sally Meredith.

3 CAMINAR DIARIO, DÍA TRES

En el primer capítulo de Génesis, leímos que Dios creó la tierra. De su descripción de la creación del hombre en los versículos 26-31, observamos tres propósitos suyos para la humanidad. Vamos a ver el primero que se encuentra en Génesis 1:26-27:

Entonces dijo Dios: Hagamos al hombre a nuestra imagen, conforme a nuestra semejanza; y señoree en los peces del mar, en las aves de los cielos, en las bestias, en toda la tierra, y en todo animal que se arrastra sobre la tierra. Y creó Dios al hombre a su imagen, a imagen de Dios lo creó; varón y hembra los creó.

1. ¿Cuál es el primer propósito que tiene Dios para su matrimonio? ¿Qué significa "semejanza"?

___

2. Aunque cada ser humano es creado excepcionalmente a la semejanza de Dios, la parejas casadas tiemen una oporutnidad única de reflejar la imagen divina como pareja. ¿Qué importancia tiene esto?

___

3. ¿Cómo utiliza Dios el matrimonio para conformarnos a la semejanza de Jesucristo? Busque Romanos 8:28-30. (Véase página 6, #2).

___

4 CAMINAR DIARIO, DÍA CUATRO

El segundo propósito de Dios se encuentra en Génesis 1:28a: "y los bendijo Dios, y les dijo: Fructificad y multiplicaos; llenad la tierra" (véase además Malaquías 2:15).

1. ¿Cuál es el segundo propósito que tiene Dios para el matrimonio?

___

2. ¿Qué significan "bendijo" y "llenad la tierra" a la luz del segundo propósito de Dios?

___

3. Dios claramente quiere que los padres hagan más que simplemente criar hijos. Si usted es padre, quiere que usted y su pareja reproduzcan la semejanza de Dios en sus hijos. De los siguientes versículos, apunte todas las instrucciones específicas acerca de criar hijos como pueda.

Psalmo 127:1, 3-5

_____

_____

Deuteronomio 6:4-7

_____

_____

Proverbios 22:6

_____

_____

4. Dios no limita la reproducción de Su imagen al criar hijos. Léase Mateo 28:18-20. ¿Qué se supone que deben hacer todos los cristianos?

_____

_____

5 Caminar diario, Día cinco

El tercer propósito que tiene Dios para el matrimonio se encuentra en Génesis 1:28b: "y sojuzgad [la tierra], y señoread en los peces del mar, en las aves de los cielos, y en todas las bestias que se mueven sobre la tierra."

1. Basado en este mandamiento a Adán y Eva, ¿cuál piensa que es el tercer propósito que tiene Dios para su matrimonio?

_____

_____

_____

2. Se ha usado el pronombre plural en este versículo. ¿Qué no dice esto acerca de la relación y responsabilidades de Adán y Eva al cumplir este tercer propósito?

_____

_____

_____

3. Léase Efesios 6:10-12 abajo:

Por lo demás, hermanos míos, fortaleceos en el Señor, y en el poder de su fuerza. Vestíos de toda la armadura de Dios, para que podáis estar firmes contra las asechanzas del diablo. Porque no tenemos lucha contra sangre y carne, sino contra principados, contra potestades, contra los gobernadores de las tinieblas de este siglo, contra huestes espirituales de maldad en las regiones celestes. (énfasis añadido)

Dios les dio la reponsabilidad a hombres y mujeres de reinar sobre la tierra física. Además, tras la Caída (Génesis 3), Dios nos instruyó a reinar en guerra espiritual. ¿Contra quién es nuestra lucha?

_____

4. Satanás intenta destruir la unión del Padre y del Hijo. También intenta destruir la unión en su matrimonio (léase Juan 10:10). Comente la distintas maneras que Satanas ha atacado su matrimonio y su familia.

_____

_____

_____

ASÍ QUE EL PRIMER PRINCIPIO DE FE QUE TIENE DIOS PARA LA UNIÓN ES:

Por fe, debemos comprometernos a los propósitos de Dios de reflejar su imagen, reproducir una herencia divina y reinar en guerra espiritual.

❖ *Aplique el principio* ❖

1. Los tres propósitos para el matrimonio pueden expresarse con tres Res como se ve a continuación. ¿Cómo puede mejorar su matrimonio en cada área?

Reflejar la imágen de Dios—

_____

_____

Reproducir una herencia divina –

_____
_____

Reinar en la guerra espiritual –

_____
_____
_____

2. Apunte varias maneras que cada una de lo siguiente ha limitado su habilidad de cumplir el propósito de Dios para su matrimonio.

Debilidad personal –

_____
_____
_____

Orígenes familiares –

_____
_____
_____

Falta de conocimiento bíblico acerca del matrimonio –

_____
_____
_____

Satanás –

_____
_____
_____

UN BREVE REPASO

Nuestro obstáculo a la intimidad es nuestra mentalidad de un matrimonio basado en la actuación. Pensamos que nuestra pareja es el problema en vez de buscar la solución de Dios: la unión. Si deseamos unión con nuestra pareja, debemos, por fe, comprometernos a los propósitos de Dios, que son: reflejar Su imagen, reproducir una herencia divina y reinar en guerra espiritual.

ORACIÓN ❤HACIÉNDOSE UNO

Padre Celestial, perdóname por ver mi pareja como el obstáculo a la unión. Mi deseo egoísta de demandar cierto nivel de actuación me ha hecho perder la bendición que es mi pareja y los propósitos que Tú tienes para mi matrimonio. Me comprometo a juntarme con mi pareja en unión para poder reflejar Tú imagen, reproducir hijos divinos y discípulos y reinar en guerra espiritual. Danos a cada uno el deseo de agradecer y servirte de esta manera. Bendiga nuestro matrimonio, hogar y familia. En el nombre de Jesucristo, Amen.

Pensamientos para el camino

Complete las secciones Caminar diario de la primera semana y la charla del grupo antes de leer estas notas.

NUESTRO OBSTÁCULO A LA UNIÓN— UNA RELACIÓN BASADA EN LA ACTUACIÓN

Al principio de este capítulo hablamos de como cualquier persona puede casarse, pero pocos pueden sostener un matrimonio. Todo el mundo espera una vida de intimidad el día que se casa, pero muchos se encuentran chocando con un obstáculo justo después de la luna de miel.

Cada pareja desarrolla un plan humano, natural para la felicidad matrimonial. Los planes separados de la pareja se basan en las personalidades únicas y las diferencias personales de cada uno, incluyendo diferentes influencias familiares, modelos, libros e incluso experiencias en la iglesia. Ya que sus planes para la felicidad matrimonial son distintos, suele haber conflicto.

La mayoría de los planes humanos tienen un fallo en común: el enfoque en la acutación de la pareja. Cada uno cree, "Seré feliz cuando mi pareja haga lo que yo quiero que haga." Cuando una persona pasa demasiado tiempo enfocado en al actuación de la otra, suele llevar a la destrucción de la relación.

Todas las relaciones humanas naturales empiezan con la motivación sutil de la atracción basada en la belleza, la personalidad, la riqueza, el poder, la inteligencia, la popularidad o cualquier otra fuente de atracción humana. La sobrevivencia a largo plazo de la relación se relaciona directamente con la habilidad de mantener estas atracciones. Cada persona tiene que seguir actuando en el nivel de atracción original, o habrá desilusión.

> La mayoría de los planes humanos tienen un fallo en común: el enfoque en la actuación de la pareja.

Confiar en que la actuación de su pareja se mantenga con el mismo atractivo no funciona a largo plazo. Ya que cada uno de nosotros es egoísta, queremos saber constantemente lo que nuestra pareja ha hecho por nosotros ultimamente. Lo triste es que con el paso de tiempo, nos revertimos al "síndrome del pasto más verde" cuando emepzamos a comparar la actuación de nuestra pareja con nuestras ideas y espectativas preconcebidas, haciendo que sea más y más difícil estar satisfechos con nuestra pareja.

A continuación les mostramos los seis factores principales que destruyen matrimonios:

1. Las parejas no anticipan las diferencias que surgen de los orígenes culturales diversos, de las diferentes experiencias familiares, de la diferencia de sexo, etc.

2. Las parejas creen la noción de

una relación del cincuenta por ciento, lo que significa que esperan que su pareja ponga de su parte.

3. La sociedad nos ha enseñado que el hombre es básicamente bueno. Así pues, la mayoría de los esposos y esposas no anticipan sus naturalezas egoístas.

4. Las parejas no pueden con las pruebas de la vida. Al llegar pruebas dolorosas al matrimonio, en lugar de mantenerse juntos, se tienden a culpar entre sí o pensar que le pasa algo a uno de los dos.

5. Muchas personas tienen un punto de vista fantasiosa del amr. Nos sentimos atrapados rápidamente con una persona que no ama y nos decepcionamos para creer que el siguiente será mejor.

6. A muchas personas les falta una relación vital con Jesucristo. Puede ser que nunca hayan llegado hasta tal punto de creer en Cristo como Salvador y Señor al invitarle a habitar en sus vidas. Así que no tiene impacto en la relación matrimonial.

LA SOLUCIÓN DE DIOS A LA UNIÓN— UNA RELACIÓN BASADA EN LA FE

La relación de fe es el opuesto de la relación de actuación por dos motivos. Primero, no es natural para nada—es sobrenatural. Solo se aprende de este tipo de relación al leer la Palabra de Dios. Segundo, la relación de fe no se enfoca en la actuación humana de su pareja sino en el carácter, las promesas y la fidelidad de Dios. El mismo autor y Perfeccionador de nuestra fe (véase Hebreos 12:2) también es el Autor y Pefeccionador de nuestro matrimonio.

Este tipo de relación incluye a Dios como la Garantía del matrimonio con las especificaciones de la garantía puestas en las Escrituras. Dios quiere que tengamos un matrimonio centrado en cristo y nos ofrece una bendición cuando "vivimos juntos en armonía" y cuando "tenemos compasión y somos humildes." Debemos seguir este llamamiento divino, escribió Pedro, para poder "heredar una bendición" (1ª Pedro 3:8-9).

> La diferencia clave de la relación de fe es su esperanza a largo plazo basada en el carácter y la fidelidad de Dios.

La diferencia clave de la relación de fe es su esperanza a largo plazo basada en el carácter y la fidelidad de Dios. Sabemos que es bueno y que se preocupa por lo que nos ocurre. Nos ama. La voluntad de Dios para que nos casemos con cierta persona se hace más importante que la atracción humana. Mientras más maduros espiritualmente, más Dios podrá solidificar nuestro llamamiento mediante la Escritura y el consejo sabio. Entendemos que Dios nos ha digirido a amarnos de por vida. Esta habilidad de seguir el llamamiento de Dios toma el poder cuando fracasan las atracciones y actuaciones humanas.

Una pregunta que suele surgir al hablar de relaciones de fe es, "¿Dios puede cumplir mis necesidades a pesar de las debilidades de mi pareja? ¡La respuesta es que sí! Si Dios puede cumplir sus necesidades de todas formas, las debilidades de su pareja ya no le limitan. Este hecho libra a los maridos y a las mujeres a quererse incondicionalmente a medida que le agradecen a Dios su provisión.

Al confiar en el ejemplo de Cristo en 1ª Pedro 2:21-15, y al creer y actuar en la Palabra de Dios, la fe nos permite superar nuestro instinto humano de cambiarnos. "Es, pues, la fe la certeza de lo que se espera…" (Hebreos 11:1, véase también versículo 6); tal fe le agradece a Dios también.

1ª Pedro 2:23 declara, "[Jesús] encomendaba la causa al que juzga justamente." Esta declaración confirma la fe de Cristo en Su Padre. Jesús creía en el plan soberano de Dios más que en Su deseo de abandonar la cruz, más que en su desilusión por las negaciones de Pedro, y más que Su deseo de que sus perseguidores recibieran justicia instantánea. Basaba Sus relaciones en la fe en Dios en lugar de en la actuación del hombre. Las parejas que basan su matrimonio en la actuación recompensarán las expectativas no cumplidas con enfado o silencio, vengándose cuando sienten dolor o creyendo que la justicia por cualquier infracción debe administrarse de inmediato.

Los cristianos puede elegir una relación de fe, fundada en su fe en Jesucristo. En Mateo 19:4-6, Jesús mismo llamaba las parejas a la unión en el matrimonio, citando Génesis 2:24, y concluyendo, "Así que no son ya más dos, sino una sola carne."

RELACIONES: NATURAL/HUMANA VS. SOBRENATURAL/FE

Motivo básicos	Apariencia Popularidad Finanzas Atracción sexual	Política Personalidad Intelecto Escape	Las circunstancias y la atracción humana sólo son importantes al principio. Últimamente, Dios dirige a ambas personas mediante Su Palabra, confirmado por consejos sabios.
Base del éxito	Actuación humana constante		La fidelidad de Dios mediante sus promesas
Resultados a largo plazo	Rechazo Daño Conflicto Resentimiento	Desilusión Sentimientos perdidos Compromiso perdido Unión perdida	Fe Bendición Amor Esperanza Unión Compasión Compromiso duradero

NUESTRA NECESIDAD DE UNIÓN

"La unión espiritual" en las relaciones puede definirse como estar de acuerdo con Dios y Sus propósitos y con la pareja de uno. Cuando no estamos unidos en el matrimonio, bloqueamos una vía grande mediante la que Dios cumple nuestra necesidad desesperada de amor.

La Biblia revela el deseo de Dios para que la humanidad tenga unión con Él. La noche antes de su muerte, Cristo oró por unión, "para que todos sean uno; como tú, oh Padre, en mí, y yo en ti" (véase Juan 17:20-21).

También vemos que Dios desea unión entre nosotros y otras personas. Lo confirmó cuando establición la unión como la esperanza del matrimonio en Génesis 2:24: "Por tanto, dejará el hombre a su padre y a su madre, y se unirá a su mujer, y serán una sola carne." Esta necesidad de unión se extiende a las relaciones entre los cristianos, que se nombran como el cuerpo de Cristo (véase Romanos 12:4-5).

EL CAMINO DE DIOS HACIA LA UNIÓN

La Escritura ofrece un camino para ayudarnos a conseguir la meta de unión matrimonial:

Entonces dijo Dios: Hagamos al hombre a nuestra imagen, conforme a nuestra semejanza; y señoree en los peces del mar, en las aves de los cielos, en las bestias, en toda la tierra, y en todo animal que se arrastra sobre la tierra. Y creó Dios al hombre a su imagen, a imagen de Dios lo creó; varón y hembra los creó. Y los bendijo Dios, y les dijo: Fructificad y multiplicaos; llenad la tierra, y sojuzgadla, y señoread en los peces del mar, en las aves de los cielos, y en todas las bestias que se mueven sobre la tierra." (Génesis 1:26-28)

En efecto, empezamos a mover desde la actuación hacia la fe en nuestros matrimonios. En este cuaderno de ejercicios, estudiaremos un método simple en dos partes para conseguir la unión en su matrimonio:

1. Aceptar por fe los principios de Dios para la unión.

2. Actuar por fe sobre los principios de Dios para la unión.

LOS PROPÓSITOS DE DIOS PARA LA UNIÓN

Nuestro primer principio de fe es: *Por fe debemos comprometernos a los propósitos que da Dios; reflejar Su imagen, reproducir una herencia divina y reinar en guerra espiritual.* Dios tenía tres propósitos distintos al crear la vida humana en general y su matrimonio en particular.

1. Primer propósito: Reflejar la imagen de Dios mediante la unión (Génesis 1:26-27).

Dése cuenta de las frases "semejante a nosotros" y "semejante a Dios mismo." Dios declara aquí que hizo que Adán y Eva fueran un reflejo de Él mismo. Mientras que tanto Adán como Eva le reflejaban a Dios individualmente, en Génesis 1:2 Dios les dio la oportunidad única como marido y mujer de reflejar su Creador en su unión: "lo (Adán) creó semejante a Dios mismo. Hombre y mujer los creó." En el Nuevo Testamento (Romanos 8:29), vemos que Dios se encuentra en el proceso de conformarnos a la imagen de Jesucristo. Utiliza nuestros matrimonios para este fin (Efesios 5:22-33). Debemos ser reflectores de la luz de Dios a un mundo en tinieblas (Mateo 5:14).

2. Segundo propósito: Reproducir una herencia divina mediante la unión (Génesis 1:28a).

Si lee este versículo en el contexto del resto de las Escrituras, está claro que simplemente tener hijos no es el total del propósito ideado por Dios (véase Deuteronomio 6:1-9; Salmo 127:1, 3-5; Proverbios 22:6). Este propósito se puede definir mejor como "reproducir una herencia divina que, a su vez, refleje a Dios." Esto inluye la reproducción de "hijos espirituales" o discípulos. Dios Mismo nos adoptó como Sus propios hijos para siempre cuando confiamos en Cristo como nuestro Salvador personal (Romanos 8:15; Gálatas 4:4-6; Efesios 1:5-6). Además, se les llama a los creyentes a reproducir la imagen de Dios en hijos espirituales (discípulos—Mateo 28:19).

3. Tercer propósito: Reinar en guerra espiritual mediante la unión (Génesis 1:28b).

Mediante la unión en el matrimonio, los esposos y las esposas están equipados para ejercer dominio y reinar sobre la creación física del planeta Tierra.

Otra intención de Dios era que el marido y la mujer le ganen a Satanás mientras reinan sobre la tierra mediante la unión entre sí (Hebreos 2:6-8; Efesios 6:10-13; Juan 8:42-45). Aunque individualmente están más débiles en su creación que Satanás y sus fuerzas, una pareja puede vencer las maquinaciones de Satanás al depender de Dios juntos.

LOS PROPÓSITOS DE DIOS PARA LA UNIÓN REQUIEREN COMPROMISO

La intención que tiene Dios para el matrimonio está claro. Cada matrimonio es una parte de su plan. ¿Sabía que su matrimonio es vital para Dios hoy en día? Considere comprometerse de estas tres formas con respuesta a los propósitos de Dios para su matrimonio:

1. Acepte los propósitos de Dios de reflejar, reproducir y reinar.

2. Pídele perdón a Dios y a su pareja por no seguir los propósitos de Dios en el pasado.

3. Haga un compromiso a Dios y a su pareja de seguir los propósitos de Dios desde hoy y para siempre.

Dios no cambia (véase Hebreos 13:8). Así que su plan para el matrimonio tampoco ha cambiado. O le creemos o no. O seguimos Sus propósitos y experimentamos unidad y armonía matrimonial o no experimentaremos la plena bendición que es Su intención para el matrimonio. Es nuestra elección.

A pesar de que esté prometido, recién casado o lleve treinta años casados, pregúntese cómo puede enfocarse en los propósitos de Dios para el matrimonio: reflejar, reproducir y reinar.

> ¿Sabía que su matrimonio es vital para Dios hoy?

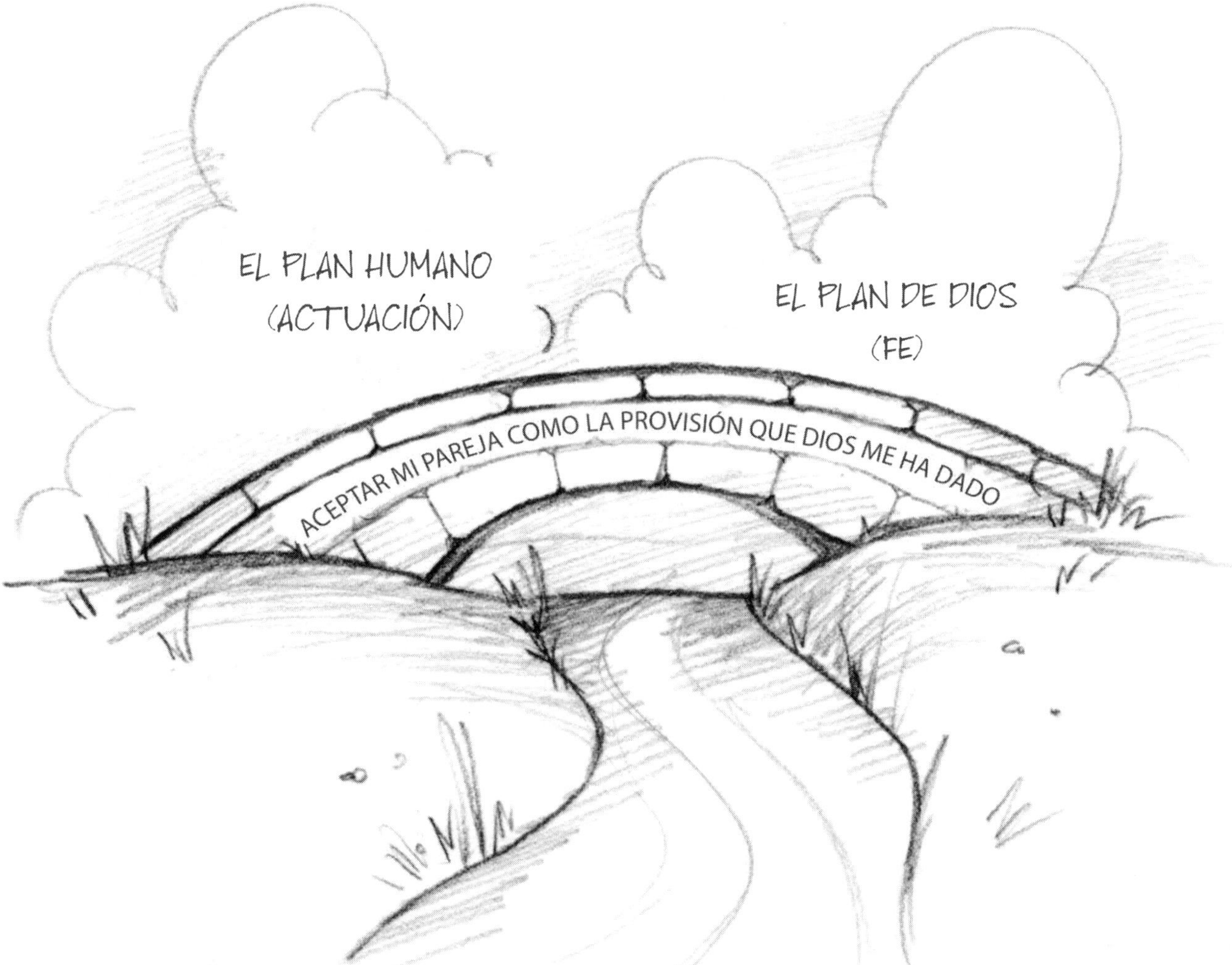

SEGUNDA SEMANA:

La PROVISIÓN
de Dios para la unión

VERSÍCULO DE MEMORIZACIÓN

Por tanto,

dejará el hombre a su padre y a su madre,

y se unirá a su mujer,

y serán una sola carne.

(Génesis 2:24)

LA PROVISIÓN DE DIOS PARA LA UNIÓN

La boda es una cosa y el matrimonio es otra totalmente. Se acuerda del día de su boda, ¿verdad? Música suave, velas, vestidos largos, trajes, amigos y familiares rodeados por flores que florecían eternamente. Desafortunadamente, la belleza del día de la boda a menudo pierde su encanto bajo la presión de expectativas, mala comunicación, y *actuación*. La alegría matrimonial puede convertirse en torpeza matrimonial.

Muchas personas de hoy en día hablan de encontrar su "compañero del alma," alguien que puede satisfacer sus anhelos más profundos. Desafortunadamente, los recién casados no tardan mucho en descubrir que nadie lo tiene todo. Cada uno de nosotros tiene sus debilidades.

Nuestra obsesión con las fortalezas de nuestra pareja antes del día de la boda se suelen reemplazar por una fijación en las debilidades de nuestra pareja después del día de la boda. Las mujeres se dan cuenta de que su príncipe azul realmente llevaba puesto verde. Los maridos se preguntan que cuándo se le cayó la corona a su novia princesa. Una vez que nuestro enfoque se fija en las deficiencias de nuestra pareja, empezamos a perder la provisión de Dios para nuestras necesidades más íntimas.

UNA VISTA RÁPIDA POR DELANTE

Hay muchos capítulos en la Escritura que destacan por su enseñanza. Si quiere hablar de salvación, puede leer Juan 3. Si quiere repasar los Diez Mandamientos, tendrá que buscar Éxodo 20. ¿Amor? 1ª Corintios 13. ¿Fe? Hebreos 11. ¿Y el matrimonio? Desde luego que Efesios 5 y 1ª Pedro 3 son capítulos claves, pero una discusión práctica sobre el matrimonio tendrá que comenzar por el principio... Génesis 2.

La semana pasada empezamos nuestro viaje desde una *relación basada en la actuación* hacia *una relación basada en la fe* al aceptar los tres propósitos de Dios para la unión. Esta semana tomamos el siguiente paso...aceptar por fe la provisión de Dios para la unión.

Hágase esta pregunta, "¿De qué manera cumple Dios mis necesidades más profundas?"

- ¿Mediante el trabajo?
- ¿Mediante la familia?
- ¿Mediante la iglesia?

En nuestro estudio de Génesis capítulo 2, la Carta Magna del Matrimonio, descubriremos cuál es la provisión que Dios nos da para nuestra necesidad profunda de intimidad.

1 CAMINAR DIARIO, DÍA UNO

Asegúrese de leer las notas de estudio de la semana pasada antes de hacer esta sección. **Repaso:**

1. Después de leer las notas de estudio de la semana pasada, ¿cómo describiría la diferencia entre una *relación basada en la actuación* y una *relación basada en la fe?*

___

2. Escriba y explique los tres propósitos de Dios para el matrimonio:

___

3. ¿Cuál de estos tres propósitos suele ser un motivo de lucha para usted y su pareja y por qué?

___

___

→ Pasos de fe →

Recuerde, estos ejercicios no son tema de conversación en la clase.

Primera parte (personal)

Como respuesta a cada una de las declaraciones del cuadro de abajo, rodee el número que describe con mayor exactitud su éxito como pareja. Utilice la siguiente escala:

1= nunca, 2= muy poco, 3= a veces, 4= a menudo, 5= siempre

Luego repita el ejercicio dibujando una "x" por el número que usted cree que escogería su pareja.

―― CUMPLIR LOS PROPÓSITOS DE DIOS EN NUESTRO MATRIMONIO ――

Mi pareja y yo experimentamos unión y cariño en nuestra relación	1	2	3	4	5
Mi pareja y yo reflejamos una imagen divina en nuestro hogar y en nuestras vidas.	1	2	3	4	5
Mi pareja y yo reproducimos una herencia divina en nuestros hijos y disicípulos de Jesucristo.	1	2	3	4	5
Mi pareja y yo reinamos en la guerra espiritual.	1	2	3	4	5

Segunda parte (personal y como pareja)

Pase tiempo a solas con Dios y responda a las siguientes declaraciones. El propósito de esta parte de la aplicación es de estimular su compromiso a Dios en cuanto a Sus propósitos para su vida y matrimonio. Ponga una "x" en cada caja al terminar cada paso.

☐ Confiese a Dios cualquier fracaso en el pasado al reflejar Su imagan, reproducir una herencia divina o reinar en guerra espiritual.

☐ Prométale a Dios que reflejará, reproducirá y reinará en unión en el futuro.

☐ Comparta sus nuevos compromisos con su pareja antes de la próxima reunión de *Dos haciéndose uno*. Lo puede hacer en camino a quedar con el grupo.

Caminar diario, Día dos

En Génesis 2:18-25, Dios va desde la imagen panorámica de la creación comentada en Génesis 1:26-31, a la creación específica del hombre y la mujer. A través de su historia, Dios nos cuenta como es posible tener unión en el matrimonio y revela su plan de cuatro pasos para conseguir la intimidad con su pareja. Esto lo vamos a ir viendo en los próximos cuatro días.

Antes de empezar su segundo viaje diario, léase el capítulo 5 en su libro acompañante, Dos haciéndose uno, por Don y Sally Meredith..

1. Léase Génesis 2:18 abajo:

   Y dijo Jehová Dios: No es bueno que el hombre esté solo; le haré ayuda idónea para él.

   Dios estuvo presente con Adán en el Jardín, pero subrayó el hecho de que Adán estaba sólo. ¿Qué significado tiene esto?
   _____
   _____
   _____

2. ¿Por qué es importante que reconozca que tiene una necesidad para su pareja que fue creada por Dios?
   _____
   _____
   _____

Así que desde el comienzo de la historia humana, las relaciones no son una opción.

PRIMER PASO PARA CONSEGUIR LA INTIMIDAD:
Dios crea una necesidad de compañerismo en nuestra vida.

Caminar diario, Día tres

1. Lea Génesis 2:19-20 abajo:

   Jehová Dios formó, pues, de la tierra toda bestia del campo, y toda ave de los cielos, y las trajo a Adán para que viese cómo las había de llamar; y todo lo que Adán llamó a los animales vivientes, ese es su nombre. Y puso Adán nombre a toda bestia y ave de los cielos y a todo ganado del campo; mas para Adán no se halló ayuda idónea para él.

¿Por qué piensa usted que Dios le dio a Adán el proyecto de nombrar a todos los animales?

_____
_____

2. ¿Cómo piensa que Adán descubrió su necesidad de intimidad?

_____
_____
_____

SEGUNDO PASO PARA CONSEGUIR LA INTIMIDAD:
Dios nos muestra la necesidad de compañerismo que tenemos.

4 CAMINAR DIARIO, DÍA CUATRO

1. Lea Génesis 2:21-22 abajo:

Entonces Jehová Dios hizo caer sueño profundo sobre Adán, y mientras éste dormía, tomó una de sus costillas, y cerró la carne en su lugar. Y de la costilla que Jehová Dios tomó del hombre, hizo una mujer, y la trajo al hombre.

La gente de hoy en día parece estar obsesionada con encontrar alguien que cumpla sus necesidades, saltando de una relación a otra, siempre buscando satisfacción. ¿Cómo se compara esta estrategia de encontrar la pareja adecuada con el método que Dios utilizó con Adán?

_____
_____
_____
_____

2. Dios, quien creó Eva, podría simplemente haberla puesto a lado de Adán antes de que el hombre despertara. En cambio, Dios "la trajo al hombre." ¿Qué nos demuestra Dios con su involucración en esta escena?

_____
_____
_____
_____

Eva no fue tomada de su cabeza para gobernar sobre él, ni de sus pies para estar debajo de él, sino que fue formada junto a él para completarle, y viceversa.

3. ¿De qué manera le ha demostrado Dios la necesidad que tiene para su pareja? Especifique.

_____
_____
_____

TERCER PASO PARA CONSEGUIR LA INTIMIDAD
Dios crea una provisión para nuestra necesidad.

Dios quería que Adán, tanto como nosotros, supiera que había creado una necesidad en la humanidad por las relaciones. A causa de esta necesidad, Dios nos cuenta que va a crear personalmente una provisión que corresponda únicamente con nuestras necesidades distintas. Cada uno debe admitir nuestra necesidad personal ante Dios y esperar que Él cumpla esta necesidad.

5 Caminar diario, Día cinco

1. Lea Génesis 2:23 abajo:

    Dijo entonces Adán: Esto es ahora hueso de mis huesos y carne de mi carne; ésta será llamada Varona, porque del varón fue tomada.

    Dicho en nuestras palabras, "¡Vaya! ¡¿Dónde ha estado toda mi vida?!" Adán nunca había visto una "Eva," pero la abrazó instantáneamente. ¿Por qué estaba tan emocionado?

    _____
    _____

2. ¿Qué tal afectaría a su matrimonio si usted empezara a mirar más allá de la actuación de su pareja y confiar en Dios para cumplir su necesidad de intimidad?

    _____
    _____
    _____

3. Ahora lea Génesis 2:24 abajo:

    Por tanto, dejará el hombre a su padre y a su madre, y se unirá a su mujer, y serán una sola carne.

En el espacio reservado abajo, describa el significado que piensa que Dios le quiso dar a estas palabras:

Dejar:

___

Unir:

___

4. Lea Génesis 2:25 abajo:

   Y estaban ambos desnudos, Adán y su mujer, y no se avergonzaban.

Este versículo implica que Adán y Eva estaban totalmente expuestos el uno ante el otro—físicamente, emocionalmente y espiritualmente—sin temor de rechazo. ¿Ha sentido alguna vez ese nivel de intimidad con su pareja? Si no, ¿qué le parece que hace falta para experimentar aceptación completa en su propio matrimonio?

___

___

CUARTO PASO PARA CONSEGUIR LA INTIMIDAD:
Creemos y recibimos la provisión de Dios—nuestra pareja.

Repasemos los cuatro pasos del plan de Dios para lograr la intimidad en el matrimonio:

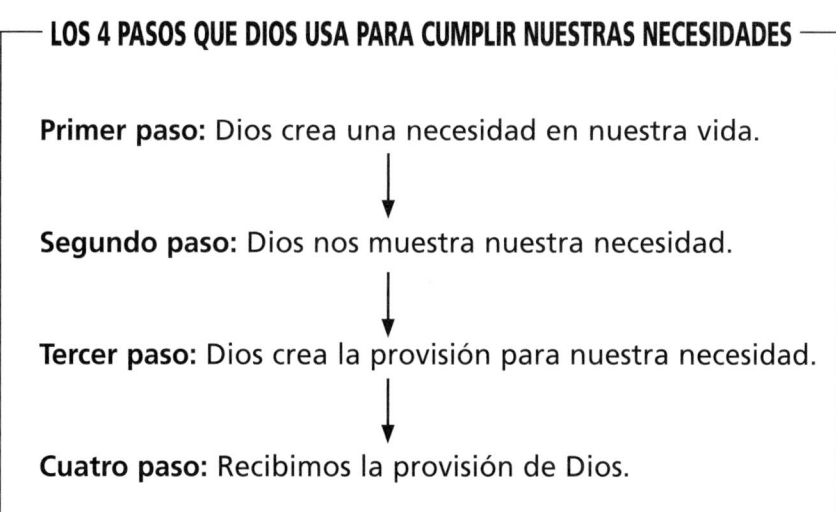

LOS 4 PASOS QUE DIOS USA PARA CUMPLIR NUESTRAS NECESIDADES

Primer paso: Dios crea una necesidad en nuestra vida.

Segundo paso: Dios nos muestra nuestra necesidad.

Tercer paso: Dios crea la provisión para nuestra necesidad.

Cuatro paso: Recibimos la provisión de Dios.

Rechazar a su pareja tras el matrimonio es dudar de Dios y de Su provisión en su vida.

¿Le parece fácil? Intenta juntar dos personas imperfectas y pecaminosas bajo un techo. El problema llega cuando empezamos a reemplazar lo que Dios ya ha proveído para nosotros en nuestra pareja con nuestros deseos para que nuestra pareja actúe según nuestras expectativas.

Para repasar, de la primera semana:
PRINCIPIO DE FE NÚMERO UNO:
Por fe debemos comprometernos a los propósitos de Dios de reflejar Su imagen, reproducir una herencia divina y reinar en guerra espiritual.

ASÍ QUE EL SEGUNDO PRINCIPIO DE FE QUE TIENE DIOS PARA LA UNIÓN ES:

Por fe debemos recibir a nuestra pareja de Dios como Su provisión personal para nuestras necesidades individuales.

⇝ *Aplique el principio* ⇜

1. Piense en alguna vez que le haya criticado a su pareja por una debilidad. ¿Qué es lo que le molesta de verdad? Ahora, al leer las cinco verdades abajo, piense como esa debilidad realmente puede ser una bendición:

• Dios puede cumplir sus necesidades de soledad a pesar de las debilidades de su pareja.

• Una de las herramientas que más utiliza Dios, y que mejor resultados tiene, para cambiar su pareja es el amor incondicional.

• Dios utiliza las debilidades de su pareja para perfeccionar el carácter de usted.

• Las debilidades de su pareja son una oportunidad para que las fortalezas de usted sean de ayuda en su vida.

• Lo que usted ve como una debilidad en su pareja hoy en día, puede llegar a ser una gran bendición para su matrimonio en el futuro.

Creemos que Dios puede cumplir nuestras necesidades con nuestra pareja, no porque él o ella sea perfecta, sino porque Dios lo es. De hecho, lo que vemos como una debilidad puede ser la herramienta que Dios utiliza para formar su carácter, para proveerle con oportunidades de servir o para dar bendición

2. Esta semana escríbale una carta de amor a su pareja de cómo Dios ha cambiado una de sus debilidades a una bendición en su vida. Lean estas cartas juntos con el café. Habrá que compartir en clase el significado de este ejercicio para ustedes dos.

UN BREVE REPASO

Una relación basada en la actuación en lugar de en la fe creará una expectativa irreal de perfección en su pareja, en lugar de confiar en Dios para Su provisión. En vez de mirar a su pareja para que cumpla sus necesidades, confía en Dios de que ya las ha cumplido mediante su pareja, con sus fortalezas y debilidades.

ORACIÓN HACIÉNDOSE UNO

Padre que está en los cielos, gracias por Tu preocupación por mis necesidades y mi matrimonio. Te pido que posea la sabiduría y fe de verTe como el Creador de mi matrimonio y de mi pareja. Perdóname por juzgar y vigilar su actuación en el pasado. Me comprometo a recibir mi pareja como Tu provisión perfecta para mi necesidad de soledad. Ayúdamea ver más allá de las debilidades de mi pareja hacia Ti para que cumplas mis necesidades, Padre celestial. Dame la habilidad de amarle a mi pareja por fe, igual como tengo esperanza en Ti. En el nombre de Jesús, Amén.

PENSAMIENTOS PARA EL CAMINO

Complete las secciones Caminar diario de la segunda semana y la charla del grupo antes de leer estas notas.

UNIÓN: EL PROPÓSITO DE DIOS PARA EL MATRIMONIO

Hemos mencionado como normalmente no vemos claramente las debilidades de nuestra pareja hasta después de la boda. Eventualmente, cuando surjan problemas en el hogar, le culpamos rápidamente a nuestra pareja, en lugar de verle como la solución que nos ha dado Dios para esos temas. Consecuentemente, nuestra esperanza de intimidad en el matrimonio se convierte en irritación.

Después de ver los propósitos de Dios para la unión, la mayoría de las parejas preguntan, "¿Cómo encontramos unión en nuestro matrimonio?" En Génesis capítulo 2, la Carta Magna del Matrimonio, Dios define la unión y la manera de experimentarla. Sin una comprensión básica de estos pasajes tan extremadamente importantes, la pareja tendrá problemas para encontrar verdadera realización bíblica en su relación.

La definición de la unión es "estar de acuerdo con Dios, con Sus propósitos y con los demás."

Primero veremos los cuatro pasos para obtener unión en su matrimonio.

LA FÓRMULA DIVINA DE CUATRO PASOS PARA LA UNIÓN EN EL MATRIMONIO

Y dijo Jehová Dios: No es bueno que el hombre esté solo; le haré ayuda idónea para él. Jehová Dios formó, pues, de la tierra toda bestia del campo, y toda ave de los cielos, y las trajo a Adán para que viese cómo las había de llamar; y todo lo que Adán llamó a los animales vivientes, ese es su nombre. Y puso Adán nombre a toda bestia y ave de los cielos y a todo ganado del campo; mas para Adán no se halló ayuda idónea para él. Entonces Jehová Dios hizo caer sueño profundo sobre Adán, y mientras éste dormía, tomó una de sus costillas, y cerró la carne en su lugar.

Y de la costilla que Jehová Dios tomó del hombre, hizo una mujer, y la trajo al hombre. Dijo entonces Adán: Esto es ahora hueso de mis huesos y carne de mi carne; ésta será llamada Varona, porque del varón fue tomada.

Por tanto, dejará el hombre a su padre y a su madre, y se unirá a su mujer, y serán una sola carne. Y estaban ambos desnudos, Adán y su mujer, y no se avergonzaban. (Génesis 2:18-25)

En la creación, Adán no tenía pecado. Adán también se encontraba en la presencia de Dios. Estaba en un ambiente perfecto sin necesidad alguna percibida, pero Dios declaró que Adán estaba sólo. Aunque los cristianos sienten que Dios es la única necesidad en sus vidas, no deben minimizar la importancia de las relaciones humanas, Dios no lo hace.

Primer paso—Dios crea cada uno de nosotros con una necesidad absoluta de relacionarse (Génesis 2:18).

Cuando Dios dijo que no era bueno que el hombre estuviera sólo, le enfatizaba a Adán (y a todos los que siguieron) que cada persona se crea con una necesidad de relacionarse. Así pues, Dios queda responsable de crear una pareja que se corresponda únicamente a nuestras necesidades, igual que hizo con las necesidades de Adán. Es obvio que Dios quiere que dependemos de Él para la realización de nuestras necesidades de relacionarnos.

Segundo paso—Dios nos muestra a cada uno nuestra necesidad de relacionarnos (Génesis 2:19-20).

Rara vez Dios nos da algo sin demostrarnos nuestra necesidad de antemano. En lugar de crearle a Eva inmediatamente, Dios le dio el proyecto a Adán de nombrar los animales. Al nombrarlos, Adán descubrió que no había ninguno que le correspondiera—nadie con quien hablar o comer, ni a quien amar. Adán descubrió que estaba sólo.

Tercer paso—Dios crea la provisión para nuestra necesidad (Génesis 2:21-22).

Dios hizo que Adán se durmiera (total descanso en su dependencia de Dios). Cuando se despertó, las Escrituras nos cuentan que Dios "le presentó al hombre." Uno hubiera esperado que Eva se tumbara a lado de Adán mientras dormía. Al presentar Eva a Adán, Dios quería que Adán supiera que Él había realizado personalmente la necesidad que había creado. Del mismo modo que Adán se fiaba de Dios para cumplir sus necesidades matrimoniales, nosotros también debemos confiar en Él.

Cuarto paso—Creemos y recibimos la provisión de Dios en fe (Génesis 2:23).

Adán confió en Dios, quien se había demostrado fiel. Cuando Adán recibió alegremente a Eva (Génesis 2:23), no la había "inspeccionado", ni ella había "actuado" correctamente. En cambio, recibió a Eva basado en la persona de Dios para él. Dios era fiel. Dios era bueno. Eva era un regalo para él de un Dios de amor. Nosotros también debemos recibir a nuestra pareja con total confianza en la bondad de Dios.

COMO SE RELACIONA EL PLAN DIVINO DE CUATRO PASOS PARA LA UNIÓN CON SU MATRIMONIO

Dios cumple nuestras necesidades primariamente me-diante nuestra pareja, aunque también mediante los que tienen en Su Iglesia y mediante otros amigos. En la tabla de "Provisión de Dios para las Necesidades de Soledad de Adán", "las Necesidades de no-Soledad" se refieren a cosas como comida, ropa, hogar, etc. "Las Necesidades de Soledad" siempre son relacionales—nuestra pareja en primer lugar, seguido por otros como nuestros hijos, amigos y familia también.

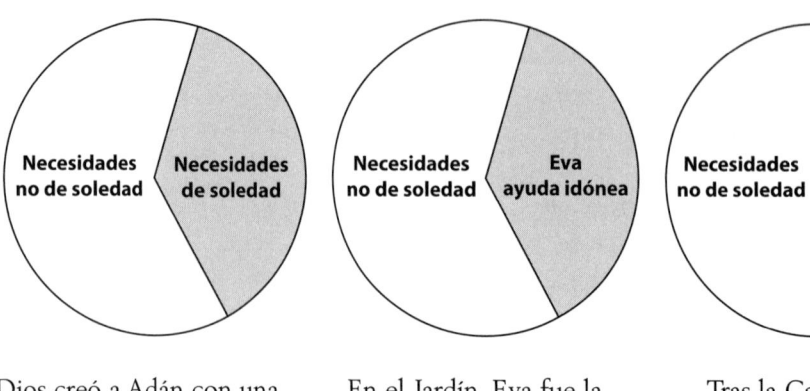

LA PROVISIÓN DE DIOS PARA LAS NECESIDADES DE SOLEDAD DE ADÁN

Dios creó a Adán con una necesidad de soledad.

En el Jardín, Eva fue la provisión total que Dios presentó para la necesidad de soledad de Adán.

Tras la Caída Dios suplementó la necesidad de soledad de Adán con los demás.

Dios cumple nuestras necesidades primariamente mediante nuestra pareja, aunque también mediante los que tienen en Su Iglesia y mediante otros amigos. En la tabla de "La provisión de Dios para las necesidades de soledad de Adán", las "Necesidades no de soledad" se refieren a cosas como comida, ropa, hogar, etc. Las "Necesidades de soledad" siempre son relacionales—nuestra pareja en primer lugar, seguido por otros como nuestros hijos, amigos y familia también.

Dios crea esta necesidad en nosotros para enseñarnos a depender de Él y para equiparnos para reflejar Su imagen a un mundo imperfecto. Luego podremos reproducir una herencia divina y reinar para Cristo en esta tierra. Dios quiso protegernos del pecado de Satanás de buscar la independencia de Dios y nos diseñó para confiar solamente en Él para cumplir nuestras necesidades de soledad. Así pues, requiere que recibamos a nuestra pareja como un regalo de Él.

Satanás, por su parte, quiere que veamos a la gente—especialmente a nuestra pareja—como si fuera un problema en vez de la provisión de Dios (Efesios 6:12). Quiere que nos apartemos de las relaciones que Dios nos ha dado, y que últimamente nos separemos de Dios. Si mantenemos nuestra vista puesta en Dios y Su Palabra, no debemos temer que no se cumplan nuestras necesidades, ni lo que parece ser debilidad en nuestra pareja.

Dios puede cumplir nuestra necesidad de relacionarnos mediante las debilidades de nuestra pareja.

Una vez que la gente descubra que su pareja tiene debilidades, muchas veces piensan que son un obstáculo para la unión e intimidad. *Como Adán, en fe debe recibir a su pareja como una provisión de Dios.*

Dese cuenta de que rechazar de cualquier manera a su pareja tras el matrimonio es dudar de Dios y de Su habilidad de proveer por sus necesidades. Impugna el carácter y los motivos de Dios.

Una nota importante: Si existe abuso severo emocional, físico o espiritual en su matrimonio, debe buscar ayuda inmediata con consejería cristiana profesional. Dios puede obrar milagros en su matrimonio, pero en estos casos es imperativo que busque la asistencia debida.

EL PRINCIPIO DE DIOS DE UNIÓN CULMINA EN BENDICIÓN

Dios estableció es principio de la unión (Génesis 2:24-25). El principio de unión incluye la idea que en el matrimonio una vieja dependencia cesa cuando uno "deja" a su familia de origen y su estatus simple; comienza una nueva relación a medida que el hombre confía en Dios y se "une" a su mujer, y los dos "se hacen como una sola carne." Dejar significa "deshacer, romper." Unir significa "pegar como pegamento." Cuando dejamos atrás lo viejo y nos unimos a lo nuevo, nos hacemos "una sola carne."

Nuestra parte es dejar; la parte que le toda a Dios es el unir, o juntar, y dice que lo que Él "ha unido, que no lo separe el hombre." (Marcos 10:9). Debe ser permanente. Los problemas matrimoniales suelen surgir de un fallo al dejar o un fallo al unirse.

Si ya se ha divorciado, o si no era cristiano cuando se casó, o si simplemente no sabe si su pareja es su Adán o Eva, el principio de la unión aún se le aplica. Las Escrituras nos cuentan que Dios odia el divorcio (Malaquías 2:16), y que quiere que se quede casado. También sabemos por medio de la Escritura que Dios perdona los fallos del pasado cuando se los confesamos (1ª Juan 1:9). No permita que Satanás le siga confundiendo ni que le robe de un matrimonio maravillosamente satisfactor. Al aceptar el segundo principio de fe de Dios: por fe, debemos recibir nuestra pareja de Dios como Su provisión personal para sus necesidades personales, entonces podrá cumplir mejor los propósitos de Dios para el matrimonio: reflejar, reproducir y reinar.

El principio de unión culmina en una bendición. En Génesis 2:24-25, Dios declara que Adán y Eva van a ser una sola carne. Dios dice que el hombre y su mujer están libres de estar desnudos y sin vergüenza. Es cierto que Dios se refiere a la desnudez física, aunque en el contexto de toda la Escritura, uno puede decir que Adán y Eva debían sentirse libres de estar totalmente expuestos el uno ante el otro y ante dios, sin temor.

Ellos estaban expuestos y desavergonzados—de todas las maneras—emocionalmente, físicamente, intelectualmente y espiritualmente.

¿Por qué Adán y Eva pudieron estar totalmente transparentes el uno con el otro sin amenaza? Su transparencia resultaba de mantener sus ojos en Dios en lugar de en la actuación del otro, lo que siempre termina en unión.

> Los problemas matrimoniales suelen surgir de un fallo al dejar o un fallo al unirse.

La unión solamente se puede conseguir si creemos que Dios diseñó nuestra pareja (con sus fortalezas y debilidades) para ayudar a cumplir nuestras necesidades más profundas. En el comienzo de Génesis, Dios demostró un plan de cuatro pasos para obtener la unión para que no tuvieramos que averiguar el camino.

El principio de la unión realmente rejuvenecerá su matrimonio y les pondrá a usted y su pareja en el camino correcto hacia cumplir el tripropósito que Dios quiere para su matrimonio: reflejar Su imagen, reproducir hijos espirituales y reinar en guerra espiritual. A medida que nos adelantamos en este estudio, verá lo importante que es la unión para Dios y para su matrimonio.

TERCERA SEMANA:

El poder de Dios para LA UNIÓN: *El ministerio del Espíritu Santo*

VERSÍCULO DE MEMORIZACIÓN

Mas el Consolador, el Espíritu Santo,

a quien el Padre enviará en mi nombre,

él os enseñará todas las cosas,

y os recordará todo lo que yo os he dicho.

(JUAN 14:26)

EL PODER DE DIOS PARA LA UNIÓN

Alguna vez ha experimentado derrame post-seminario matrimonial? Vuelve del seminario con un carrito lleno de notas, cintas y principios comprobados. También dispone de métodos asegurados para devolver la chispa a su relación. Sus amigos e hijos notan una diferencia marcada. Se acurrucan como novios adolescentes, se llaman por sus apodos cariñosos y reservan el Viernes por la noche para un encuentro romántico.

Pero después de varias semanas, las citas se dejan de lado por culpa de largas horas en la oficina y tardes sirviendo de chofer a los niños. Las conversaciones vuelven a las charlas monsílabas y la chispa se apaga. ¿Qué ha ocurrido?

Los seminarios matrimoniales son geniales. Las clases domenicales sobre el matrimonio son necesarias. Las herramientas como este estudio en grupo le darán principios comprobados para la unión. Sin embargo, toda la sabiduría matrimonial del mundo solo le proporciona un mapa; no le llevará a la unión. Eventualmente las parejas se dan cuenta de que necesitan más de una conferencia o una montaña de herramientas, necesitan el poder de cambiar.

Mover de una relación basada en la actuación a una relación basada en la fe requiere más que grandes principios, requiere poder. Si conoce a Jesucristo como su Salvador personal, entonces ya tiene el poder. Sólo tiene que saber acceder a ello.

UNA VISTA RÁPIDA POR DELANTE

La locura se ha definido como "seguir haciendo lo mismo una y otra vez, esperando resultados distintos." En el matrimonio, queremos cambiar, pero nos sentimos impotentes al intentar hacerlo. Nos encontramos en las mismas discusiones, con los mismos sentimientos heridos, y en las mismas calles sin salida.

¿Por qué es tan difícil salir de un bajón en nuestro matrimonio?
- ¿Sabemos suficiente?
- ¿Estamos dispuestos a cambiar?

Para poder tener una relación basada en la fe, debemos obtener un poder sobrenatural.

La semana pasada seguimos en nuestro viaje desde una relación basada en la acutación hacia una relación basada en la fe al aceptar nuestra pareja como la provisión de Dios para la unión. Esta semana vamos a dar el siguiente paso, aceptar en fe el poder de Dios para la unión.

CAMINAR DIARIO, DÍA UNO

Asegúrese de leer las notas de estudio de la semana pasada antes de hacer esta sección. **Repaso:**

1. De su lectura la semana pasada de las notas de estudio, anote los cuatro pasos para la unión que se encuentran en Génesis 2:18-25.

_____
_____
_____
_____

2. ¿Qué tal le va con la comprensión de estos cuatro pasos y su aplicación a su matrimonio? ¿De qué manera puede mejorar?

_____
_____
_____

3. ¿En base a qué aceptó Adán a Eva? ¿Acepta usted a su pareja de la misma manera? Apunte ejemplos específicos de sus fallos y de los pasos que ha dado para mejorar esta parte de su matrimonio.

4. De Génesis 2:24, ¿Cuáles son las palabras que Dios utiliza para establecer una fórmula de unión? ¿Qué maneras específicas han utilizado usted y su pareja para introducir estas dos palabras a su matrimonio?

→ *Pasos de fe* ←

Recuerde, estos ejercicios no se comentan en clase.

Primera parte (personal)
Pase tiempo a solas con Dios para orar. Ponga una "x" en cada caja al orar por lo siguiente:

☐ Darle gracias a Dios por mi nueva comprensión de Su responsabilidad de cumplir mi necesidad de soledad mediante Sus provisión

☐ Confesar mis pecados al rechazar, apartarme de o sentir amargura hacia mi pareja. Por fe, me comprometo a Dios de recibir mi pareja como Su provisión personal de mi necesidad de soledad.

☐ Comprometerme a Dios de confiar en Él por las debilidades de mi pareja. Por fe, elegir amarle incondicionalmente, mientras confía en Dios para sus propias necesidades.

Segunda parte (personal y como pareja)

1. Cuando nos conocimos, las cualidades que más me atraían a usted:

2. Hay muchas habilidades que tiene usted por las que doy gracias (anote las cualidades de su pareja):

3. Cuando pienso en las veces que he sido insensible o que le haya fallado, aprecio la paciencia que ha tenido conmigo. Con la ayuda de Dios, espero mejorar. Gracias por perdurar y esperarme en ... (nombre alguna área de insensibilidad o fallo que desea mejorar)

_____
_____

4. Desde ahora en adelante, Dios me ha llevado a hacerle los siguientes compromisos:

_____
_____
_____

5. Mi visión para el futuro de nuestro matrimonio es:

_____
_____
_____
_____

Basándose en las respuestas anteriores, escriba una carta de amor y comparta en clase el significado para usted de comunicar sus nuevos compromisos a su pareja. Mientras mejor comunique, lo más rápido que Dios podrá motivar y empezar a motivarle y cambiarle a usted y su pareja.

Entonces, antes de la fecha de su próxima reunión, acuerde una hora con su pareja, eligiendo un sitio y una hora que permita comunicación íntima. Durante este tiempo, léanse las declaraciones contenidas en las cartas de amor; luego oren juntos, verbalizando su compromiso al Señor.

Antes de empezar su segundo viaje diario, léase el capítulo 6 en su libro acompañante, Dos haciéndose uno, por Don y Sally Meredith.

 ## Caminar diario, Día dos

Mover de una relación basada en la actuación a una relación basada en la fe requiere un poder sobrenatural. Por nuestra cuenta, no poseemos el poder de cambiar. Es verdad que podemos cambiar durante un tiempo, pero nos falta el poder de perseguir constantemente la unión que Dios quiere para nosotros. Piense en sus respuestas a su pareja cuando le daña, cuando no cumple con sus expectativas o cuando le desilusiona. ¿Se venga con ira, se queda en silencio de mosqueo o se enfoca en sus necesidades de manera egoísta?

Eso es una razón por la que Dios envió el Espíritu Santo a la vida de cada creyente. ¿Quién es el Espíritu Santo?

ATRIBUTOS DEL ESPÍRITU SANTO

1. Busque cada una de las siguientes Escrituras. De cada versículo, anote una palabra o frase que defina un atributo en particular del Espíritu Santo. Mire lo que el Espíritu Santo hace o cumple en cada versículo.

Génesis 1:2:
_____

Salmo 139:7-8:
_____

Mateo 28:19:
_____

1ª Corintios 2:10-11:
_____

2. Elija uno o dos de estos atributos que piensa que puedan ayudar ahora mismo con su búsqueda de la unión:
_____
_____

3. Busque Efesios 4:30. ¿Qué es lo que más se destaca de la personalidad del Espíritu Santo en este versículo?
_____
_____
_____

3. Caminar diario, Día tres

De nuestro estudio, ahora vemos que el Espíritu Santo no es un simple espíritu. Es Dios Mismo, un miembro de la Trinidad. Ahora vamos a estudiar algunos ministerios específicos del Espíritu Santo.

ACTIVIDADES DEL ESPÍRITU SANTO

1. Busque las siguientes Escrituras. Al leer cada versículo, anote las maneras específicas en las que el Espíritu Santo da ministerio a los Cristianos:

Esto es precisamente lo que nos hace falta en nuestros matrimonios—que el Espíritu Santo quite los callos y durezas de nuestro corazón y que nos haga suaves y flexibles.

Juan 16:7-8:
_____

Hechos 1:8:
_____

Hechos 10:19-20:
_____

Romanos 8:13-14:
_____

1ª Corintios 2:12-13:
_____

2ª Corintios 2:12-13:
_____

Efesios 5:18-21:
_____

Tito 3:4-6:
_____

2. ¿Cuántos ministerios del Espíritu Santo ha experimentado en su propia vida? ¿Como pareja? De ejemplo específicos:
_____
_____
_____

 # Caminar diario, Día cuatro

En los últimos dos días, hemos intentado comprender los atributos y actividades del Espíritu Santo. Ahora necesitamos aprender como liberar el poder del Espíritu Santo en la convicción, el liderazgo, la enseñanza y el consuelo en nuestras vidas y matrimonios.

De las Escrituras que estudiamos en este sección, descubriremos por qué es tan difícil cambiar y movernos hacia la unión.

1. Busque Gálatas 5:16-17, 25; 1ª Juan 1:3, 6, 9

    Define el significado de "vivir por el Espíritu" (o "andar en el Espíritu" según la versión) y tener "comunión con [Dios]":

    _____
    _____
    _____
    _____
    _____

2. Lea abajo Romanos 7:21-24:

    Así que, queriendo yo hacer el bien, hallo esta ley: que el mal está en mí. Porque según el hombre interior, me deleito en la ley de Dios; pero veo otra ley en mis miembros, que se rebela contra la ley de mi mente, y que me lleva cautivo a la ley del pecado que está en mis miembros. ¡Miserable de mí! ¿quién me librará de este cuerpo de muerte?

    ¿Cuál es la lucha interior de cada creyente? Anote algunos ejemplos específicos de sus experiencias en el matrimonio:

    _____
    _____
    _____
    _____
    _____

3. Ahora estudie abajo el pasaje de Romanos 8:2-9:

    Porque la ley del Espíritu de vida en Cristo Jesús me ha librado de la ley del pecado y de la muerte. Porque lo que era imposible para la ley, por cuanto era débil por la carne, Dios, enviando a su Hijo en semejanza de carne de pecado y a causa del pecado, condenó al pecado en la carne; para que la justicia de la ley se cumpliese en nosotros, que no andamos conforme a la carne, sino conforme al Espíritu. Porque los que son de la carne piensan en las cosas de la carne; pero los que son del Espíritu, en las cosas del Espíritu. Porque el ocuparse de la carne es muerte, pero el ocuparse del Espíritu es vida y paz. Por cuanto los designios de la carne son enemistad contra Dios; porque no se sujetan a la ley de Dios, ni tampoco pueden; y los que viven según la carne no pueden agradar a Dios. Mas vosotros no vivís según la carne, sino según el Espíritu, si es que el Espíritu de Dios mora en vosotros. Y si alguno no tiene el Espíritu de Cristo, no es de él.

Unos de los mayores indicadores de que no dependo del Espíritu Santo es la ausencia de poder en mi vida.

¿En qué manera le obstaculiza su naturaleza pecaminosa la obra del Espíritu Santo en su vida?

_____
_____

4. Lea Efesios 4:29-30 abajo:

Ninguna palabra corrompida salga de vuestra boca, sino la que sea buena para la necesaria edificación, a fin de dar gracia a los oyentes. Y no contristéis al Espíritu Santo de Dios, con el cual fuisteis sellados para el día de la redención.

¿Cómo "entristece" usted al Espíritu Santo con su matrimonio? ¿Lo ha hecho esta semana? Si es así, ¿qué pasos ha tomado para ceder al poder convincente del Espíritu Santo?

_____
_____

[5] Caminar diario, Día cinco

Vamos a continuar la examinación de los temas prácticos a los que se encaran la mayoría de los matrimonios, mientras que nuestra naturaleza pecaminosa—nuestra carne—intenta ejercitar poder en nuestras vidas. En todas nuestras luchas entre la carne y el Espíritu, solamente si seguimos cediendo al Espíritu Santo podremos experimentar unión en el matrimonio.

1. Estudie cada uno de los siguientes pasajes. Declare como cada fuente puede haber tenido efecto negativo en su matrimonio.

Satanás (Juan 8:44)

_____
_____

El mundo (1ª Juan 2:15-17)

_____
_____

La carne (Gálatas 5:19-21)

_____

2. Busque Gálatas 5:22-23 y anote a continuación el fruto del Espíritu. ¿Qué importancia tiene el fruto del Espíritu para la unión en el matrimonio? ¿Qué razón puede haber para que algunas parejas demuestren de forma única estas cualidades mientras que la mayoría no las demuestra?

_____

_____

_____

_____

¿Cómo puede hacer una mejor aplicación del fruto del Espíritu a las luchas que ha anotado anteriormente?

_____

3. Lea Romanos 13:14 abajo:

Sino vestíos del Señor Jesucristo, y no proveáis para los deseos de la carne.

Cuando sentimos la tentación de ceder a la naturaleza pecaminosa, ¿cómo debemos responder?

_____

_____

4. Lea 1ª Juan 1:9 abajo:

Si confesamos nuestros pecados, él es fiel y justo para perdonar nuestros pecados, y limpiarnos de toda maldad.

Cuando cedemos a la carne, como hacemos a veces, ¿cuál debe ser nuestra respuesta inmediata?

_____

_____

5. En el matrimonio, cuando pecamos contra nuestra pareja, debemos buscar su perdón rápidamente (léase Santiago 5:16 y Efesios 4:26-27). En una escala del 1 al 10, "1" siendo fácil y "10" siendo difícil, ¿qué dificultad tiene para pedir disculpas y buscar el perdón de su pareja? ¿Por qué?

_____

_____

_____

Para repasar, de la primera semana:
PRINCIPIO DE FE NÚMERO UNO:
Por fe debemos comprometemos a los propósitos de Dios de reflejar Su imagen, reproducir una herencia divina y reinar en guerra espiritual.

Para repasar, de la segunda semana:
PRINCIPIO DE FE NÚMERO DOS:
Por fe debemos recibir a nuestra pareja de Dios como Su provisión personal para nuestras necesidades individuales.

ASÍ QUE EL TERCER PRINCIPIO DE FE QUE TIENE DIOS PARA LA UNIÓN ES:

Por fe debemos comprometernos diariamente a liberar el poder del Espíritu Santo en nuestras vidas.

⇢ *Aplicar el principio* ⇠

Hable con cualquier general y le dirá que la clave del éxito en la guerra es la planificación y la preparación. Diariamente nos encontramos bloqueados en la lucha entre nuestra carne y el Espíritu Santo. Desafortunadamente, la mayoría de nosotros nunca toma el tiempo para preparar o planificar para las batallas por venir.

Dios nos provee con un plan en Romanos 12:1-2 a continuación:

Así que, hermanos, os ruego por las misericordias de Dios, que presentéis vuestros cuerpos en sacrificio vivo, santo, agradable a Dios, que es vuestro culto racional. No os conforméis a este siglo, sino transformaos por medio de la renovación de vuestro entendimiento, para que comprobéis cuál sea la buena voluntad de Dios, agradable y perfecta.

¿De qué manera quiere Dios que nos enfrentemos a la presión de conformarnos a este mundo?

_____

¿De qué manera se siente tentado a "ceder a la carne" en su matrimonio?

Desarrolle un plan para renover su mente en lugar de conformarse de nuevo cuando llegue esa batalla.

Posibles ideas:

- Memorice Escrituras relacionadas con su lucha.
- Encuentre alguien a quién rendir cuentas sobre este tema.
- Escriba un compromiso de fe a su pareja y actúe según ello cuando surja la tentación.

> ## UN BREVE REPASO
> La razón por la que no tenemos la capacidad de cambiar nuestros matrimonios es porque cedemos cosntantemente a nuestra naturaleza pecaminosa en lugar de ceder al poder del Espíritu Santo. Aunque conozcamos los propósitos y la provisión de Dios para la unión, a menos que empezemos a tirar del poder de Dios para la unión, nos hundiremos de nuevo en una relación basada en la actuación. No obstante, si elegimos ceder constantemente al Espíritu Santo, nos moveremos hacia cumplición de los propósitos de Dios para nuestro matrimonio. Solamente entonces podremos aceptar nuestras parejas como la provisión de Dios para nuestras necesidades de soledad

ORACIÓN HACIÉNDOSE UNO
Padre Celestial, graicas pro enviar el Espíritu Santo a consolar y enseñarme. Perdóname, Padre, por disgustarle al Espíritu Santo con mi naturaleza pecaminosa y egoísta. En fe, elijo dejar que el Espíritu Santo me controle y que me de poder desde ahora en adelante. Cuando vuelva a pecar en el futuro, me comprometo a confesar mi pecado y permitir que el Espíritu Santo controle mi vida. Gracias por Tu tremenda provisión en la forma de Tu Espíritu. En el nombre de Jesús, Amén.

PENSAMIENTOS PARA EL CAMINO

Complete las secciones Caminar diario de la tercera semana y la charla del grupo antes de leer estas notas.

EL ESPÍRITU SANTO: EL PODER DE DIOS PARA EL MATRIMONIO BASADO EN LA FE

Mientras que los seminarios matrimoniales y las clases domenicales le darán muchos conocimientos acerca de los principios del matrimonio, el poder de cambiar su matrimoni puede seguir ausente.

Después de que Cristo ascendiera al cielo, el Espíritu Santo, o "Consolador," llegó a ser nuestra fuente de conocimientos de Dios y la manera de tener éxito en la vida y en el matrimonio (véase Juan 16:7, 13a). El Espíritu Santo se preocupa mucho por su matrimonio. Cuando responde a su pareja basándose en su actuación: tener resentimiento, enfadarse rápidamente o esperar perfección, lo que está haciendo es disgustarle al Espíritu Santo. Las parejas que quieran agradarle a Dios con su matrimonio necesitan ceder constantemente al liderazgo del Espíritu en sus vidas. Un bosquejo de los atributos y el ministerio del Espíritu Santo viene a continuación.

Los esposos y las esposas deben reconocer los atributos del Espíritu Santo antes de que puedan comprender Su ministerio en su matrimonio. El Espíritu Santo es Dios y quiere que seamos uno con nuestra pareja. Una vez que se de cuenta de esto, será mucho más fácil confiar en el Espíritu Santo y permitir que obre en su matrimonio.

LOS ATRIBUTOS DEL ESPÍRITU SANTO

El Espíritu Santo es Dios (Mateo 28:19).

El Espíritu Santo no es una parte de Dios; es Dios. Como tal, posee atributos divinos como miembro de la Trinidad:

- El Espíritu Santo es omnipresente (presente en todos sitios; Salmo 139:7-8).

- El Espíritu Santo es omnisciente (lo sabe todo; 1ª Corintios 2:10-11).

- El Espíritu Santo es omnipotente (todopoderoso; Génesis 1:2).

El Espíritu Santo tiene personalidad y se puede tener una relación personal con Él.

El Espíritu no es tan distante de nosotros que no sea tocado personalmente por nuestras acciones:

- El Espíritu Santo tiene sentimientos (Efesios 4:30).

- Se puede obedecer o desobedecer al Espíritu Santo (Hechos 10:19-20).

LAS ACTIVIDADES DEL ESPÍRITU SANTO

En el momento que le recibimos a Jesucristo como nuestro Salvador personal, el Espíritu Santo entre en nuestras vidas permanentemente. A menudo se le llama a esto el "morar" del Espíritu (Romanos 8:9). Cuando el Espíritu entra en nuestras vidas, hace un número de obras para producir una relación viva de comunión entre nosotros y Dios. Eso sí, estas obras afectan también a las relaciones que tenemos con los que nos rodean, particularmente nuestra pareja e hijos.

El Espíritu Santo es el medio del que disponemos para conseguir una relación personal con Dios.

La comunión es una comunicación íntima y mutua (véase 1ª Juan 1:3-4). Los matrimonios exitosos tienen comunión íntima con Dios mediante la obra del Espíritu Santo.

Elegimos aceptar el ministerio del Espíritu Santo.

Aceptar a Cristo como Salvador no significa necesariamente que el Espíritu Santo tenga el control de su vida. Debe comprometer su voluntad y darle el control al Espíritu Santo para que la vida de Cristo se manifieste dentro de usted. "Por tanto, hermanos míos, os ruego que por la misericordia de Dios que os presentéis a vosotros mismos como ofrenda viva, consagrada y agradable a Dios. Este es el verdadero culto que debéis ofrecer." Aunque tenemos elección de aceptar o de rechazar el ministerio del Espíritu Santo, nunca podremos vivir la vida cristiana plena sin el control del Espíritu Santo.

El Espíritu Santo ayuda diariamente en nuestra relación con Dios y con los demás.

Aunque no podamos vivir la vida cristiana por nuestra cuenta, sí que tenemos el poder de vivir una vida que refleja a Cristo, porque el Espíritu Santo mora en nosotros. Los matrimonios con éxito dependen del poder del Espíritu Santo:

• El Espíritu Santo nos da el poder de ser como Cristo (Efesio 3:16).
• El Espíritu Santo dirige nuestras vidas diariamente (Romanos 8:14).
• El Espíritu Santo nos convence del pecado (Juan 16:8).
• El Espíritu Santo nos da el poder de luchar contra el pecado en nuestras vidas (Gálatas 5:15-16).
• El Espíritu Santo hace que nuestros matrimonios le den gloria a Cristo (Juan 16:14).

El Espíritu Santo vino para glorificarle a Cristo. Si las parejas ceden al ministerio del Espíritu Santo en sus vidas, sus matrimonios le van a exaltar a Cristo y le darán a conocer por sus palabras y hechos.

Vivir por el Espíritu es lo que la Biblia llama "comunión."

La comunión con Dios—esa comunicación íntima y especial con Él—no es una opción si queremos tener éxito en el matrimonio. Las Escrituras describen esta comunión diaria como "vivir" o "caminar" en el Espíritu (Gálatas 5:16). Ya que el pecado nos aparta de Dios y de los demás, las parejas que quieran ser uno deben aprender a caminar en el Espíritu de Dios agresivamente para así evitar satisfacer sus naturalezas pecaminosas.

El Espíritu Santo entrega bendiciones.

El resultado de "caminar en el Espíritu" va a ser los nueve aspectos del Espíritu (Gálatas 5:22-23), incluyendo el amor, el gozo y la paz. La Biblia promete amor—la esperanza de todo matrimonio. Necesitamos ceder al poder del Espíritu Santo diariamente para poder exhibir este fruto. Solamente el Espíritu de Dios puede producir este fruto en sus vidas de forma constante.

> La comunión con Dios no es una opción si queremos tener éxito en el matrimonio.

EL IMPACTO DEL ESPÍRITU SANTO PUEDE TENER UN CORTO CIRCUITO POR FALTA DE FE Y DESOBEDENCIA

Los cristianos no llegan a experimentar el poder pleno del Espíritu Santo en sus vidas y matrimonios por culpa de dos factores: pecado y falta de fe.

Los esposos y las esposas bloquean el poder de Dios al pecar.

Aunque Dios nos salva de nuestro pecado, no nos salva automáticamente de la tentación de nuestra naturaleza pecaminosa. Una vez que le conozcamos, comenzamos una batalla interna entre nuestra "carne" (naturaleza pecaminosa) y el "Espíritu" (el Espíritu Santo de Dios). Con cada decisión, nos enfrentamos a una elección: ceder a la carne o ceder al Espíritu. Cuando cedemos a la "carne" nos movemos hacia la *actuación* en nuestra relación. Pero si le cedemos al Espíritu Santo, nos movemos hacia una *relación basada en la fe*. Dependiendo de cómo cedemos tendremos éxito o fracaso en el matrimonio.

El pecado puede bloquear tanto el poder de Dios como nuestra comunión con Él (1ª Juan 1:5-6). Igual que caminar en el Espíritu produce buenos frutos, caminar en la carne produce malos frutos, incluyendo "irritación fácil, rivalidades, divisiones, partidismos y envidia" (Gálatas 5:19-21). El deseo de Dios no incluye la presencia de estas cosas en el matrimonio. El pecado bloquea el poder del Espíritu Santo para bendecir y producir el fruto deseado de unión.

Los maridos y las mujeres bloquean el poder de Dios al no tener fe.

La Biblia nos exhorat claramente a mantener comunión con Dios y a caminar en el Espíritu. Sin embargo, escuchar estas exhortaciones no es suficiente. Las parejas deben actuar sobre estas exhortaciones en fe. Sin la fe, no podemos agradarle a Dios (Hebreos 11:6). Debemos creer que Dios el Padre, Dios el Hijo y Dios el Espíritu Santo existen y que pueden cambiar nuestro matrimonio. Debemos creer que Él nos puede dar el poder de tener éxito en el matrimonio.

EL ESPÍRITU SANTO RESTAURA LA COMUNIÓN CUANDO LOS MARIDOS Y LAS MUJERES CAMINAN EN EL ESPÍRITU

Actuar fuera de la fe y en desobediencia es lo que le "entristece al Espíritu" (Efesios 4:30). Considere la tabla de la página 59, "Las Elecciones Voluntarias del Individuo." Los tres círculos depictan tres tipos de vidas. En cada círculo (vida), el trono representa la voluntad de la persona, el control o el centro decisivo de su vida. La cruz le representa a Cristo, mientras que la "M" representa a uno mismo. Los puntos negros dentro de los círculos representan diferentes intereses y actividades en la vida. Dese cuenta que cuando reina el pecado, el cristiano ya no permite que se encargue Cristo, y las actividades de la vida están esparcidas y sin sentido.

La confesión del pecado restaura la relación y nuestro caminar en el Espíritu.

Dios sabía que los esposos y las esposas iban a luchar con el pecado. Ya que nos ama, provee una manera de tratar con el pecado: "si confesamos nuestros pecados, él es fiel y justo para perdonar nuestros pecados, y limpiarnos de toda maldad." (1ª Juan 1:9). Por la gracia de Dios, cuando confesamos nuestro pecado, Dios nos purifica inmediatamente y nos restaura a la comunión. Este paso de fe nos permite avalarnos de nuevo del poder de Dios para nuestra vida y matrimonio.

La oración le da poder al Espíritu Santo sobre nuestras vidas.

Para la unión en su matrimonio, debe confiar no solamente que Dios, mediante el Espíritu Santo, pueda transformar su matrimonio, sino que también puede actuar por usted. Orar abre la puerta de su matrimonio al poder del Espíritu Santo. Notamos cuatro elementos en la oración, que pueden llevar su matrimonio hacia un sentido renovado de unión.

1. Pedirle a Dios que le enseñe estas revelaciones acerca de Su Espíritu Santo.

2. Creer que Dios le ama y que desea caminar con usted en unión mediante el poder del Espíritu Santo.

3. Confesarle a Dios su completa dependencia del Espíritu Santo para tener poder. Si hay algún pecado en su vida, confiésalo al confirmar ante Dios que es pecado y que le desagrada.

4. Tirar del poder de Dios en fe y obediencia. Empezar a caminar en el Espíritu en su matrimonio. "Si vivimos por el Espíritu, andemos también por el Espíritu" (Gálatas 5:25). Sean una pareja centrada en Cristo, no una pareja centrada en sí misma.

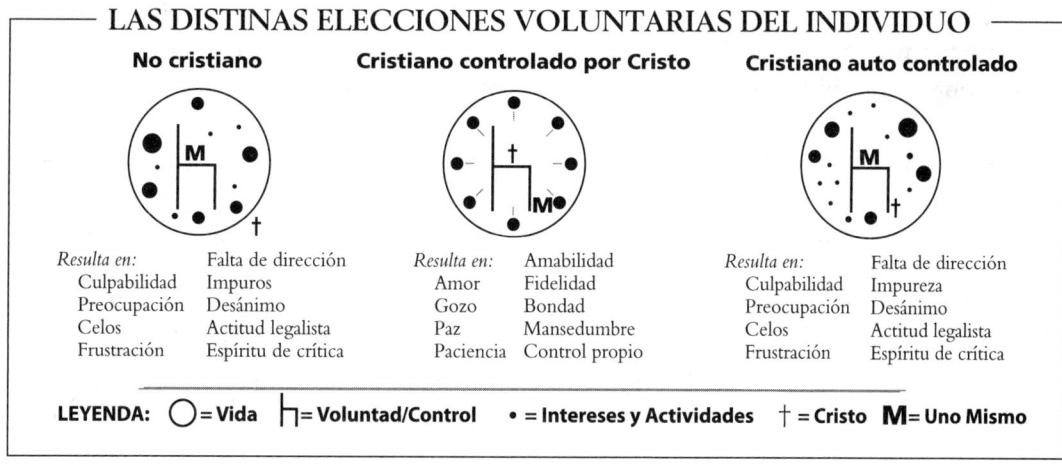

Fuente: *Have You Made the Wonderful Discovery of the Spirit Filled Life?*
©1995, New Life Publishers, Campus Crusade for Christ. Usado con permiso.

EL ESPÍRITU SANTO SOLO ESTÁ DISPONIBLE A LOS CRISTIANOS. ¿ES USTED CRISTIANO?

Nuestro estudio del Espíritu Santo supone que todos los maridos y las mujeres que leen esto son cristianos. Sin una relación personal con Jesucristo, el Espíritu Santo no está disponible. Así que hágase esta pregunta tan importante: ¿Estoy totalmente seguro de ser cristiano?

Tal vez se crió en un hogar cristiano o es miembro de una iglesia local. Y, eso sí, está involucrado ahora en un estudio cristiano. Pero ninguna de estas cosas realmente significan que es cristiano, y el éxito de este estudio depende de que uno sea cristiano.

Mire el diagrama titulado "Las distintas elecciones voluntarias de la pareja." ¿Cuál de estos escenarios realmente representa su matrimonio? Si usted sólo o en pareja se sienta sobre el trono, dejándole a Cristo fuera del círculo de su vida, como indica el círculo del "no cristiano," entonces debe parar un momento y pedirle a Cristo que entre en su vida, dándole gracias por morir por sus pecados. Este momento cambiará el resto de su vida y le llevará a una realización más allá de su imaginación. Si Cristo se encuentra dentro del círculo pero destronado, esta vida egoísta será un obstáculo para su relación con su pareja y para su comunión con Dios.

Las Escrituras nos dicen que el camino a la salvación y el camino a saber que somos cristianos es aceptarle a Cristo en nuestras vidas como nuestro Señor y Salvador; Él es el camino a Dios. La Biblia declara que todos somos pecadores y estamos apartados de Dios: "por cuanto todos

> Las Escrituras nos dicen que el camino a la salvación y el camino a saber que somos cristianos es aceptarle a Cristo en nuestras vidas como nuestro Señor y Salvador—Él es el camino a Dios.

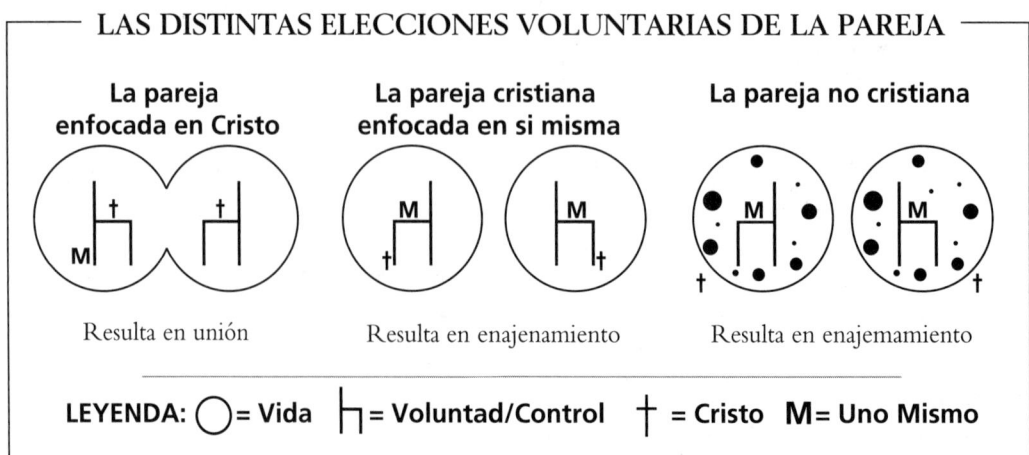

Fuente: *Have You Made the Wonderful Discovery of the Spirit Filled Life?*
©1995, New Life Publishers, Campus Crusade for Christ. Usado con permiso.

pecaron, y están destituidos de la gloria de Dios" (Romanos 3:23). La Biblia también declara que el pecado lleva a la muerte: "porque la paga del pecado es muerte, mas la dádiva de Dios es vida eterna en Cristo Jesús Señor nuestro" (Romanos 6:23).

El Evangelio que fue presentado con tanta claridad por Jesús en Juan 3:16-17 sigue igual hoy en día: "Porque de tal manera amó Dios al mundo, que ha dado a su Hijo unigénito, para que todo aquel que en él cree, no se pierda, mas tenga vida eterna. Porque no envió Dios a su Hijo al mundo para condenar al mundo, sino para que el mundo sea salvo por él." Jesús dijo que Él es el único camino a Dios: "Yo soy el camino, y la verdad, y la vida; nadie viene al Padre, sino por mí" (Juan 14:6).

> ORACIÓN DE SALVACIÓN
> *Querido Padre Celestial, he pecado contra Ti y he vivido mi vida aparte de Ti. Te pido que me perdones por todos los pecados que he cometido. Padre, engo ante ti humildemente hoy, deseando recibir a Cristo como mi Señor y Salvador personal. Confieso que Él es el único camino a la salvación, el único camino a Ti. Gracias, Señor Jesús, por morir por mi y que estés vivo ahora y dispuesto a transformar mi vida. Señor, confío en Ti para que mantengas Tu palabra de que quien crea en el nombre de Cristo no morirá sino que tendrá vida eterna. Gracias. En el nombre de Jesús, Amén.*

Si acaba de decir esa oración, ¡enhorabuena! Ha hecho una confesión de fe, y según las Escrituras, su salvación está asegurada (Juan 10:28-29; 1ª Juan 5:11-12). Sugerimos que haga tres cosas.

Primero, cuéntale al líder de su grupo de su decisión. Él o ella podrá ayudarle y responder a algunas de sus preguntas.

Segundo, encuentre una iglesia que le enseñe desde la Biblia.

Finalmente, ore para que el Espíritu Santo le llene con sabiduría y conocimientos, y pida instrucciones para encontrar a otros que le ayuden con su nueva fe en Cristo. (Colosenses 1:9-14).

Si usted es creyente, posee el poder de conseguir la unión porque el Espíritu vive dentro de usted. Si por fe, vivimos en el Espíritu y no en nuestra carne egoísta, entonces veremos los principios matrimoniales de Dios convertirse en prácticas matrimoniales.

CUARTA SEMANA:

Los instrumentos de Dios para el CAMBIO:
Amor y bendición

VERSÍCULO DE MEMORIZACIÓN

Nada hagáis por contienda o por vanagloria;

antes bien con humildad,

estimando cada uno a los demás como superiores a él

mismo; no mirando cada uno por lo suyo propio,

sino cada cual también por lo de los otros.

(FILIPENSES 2:3-4)

LOS INSTRUMENTOS DE DIOS PARA EL CAMBIO

¿Cuándo fue la última vez que su pareja le dañó? Si no se acuerda, entonces o está apunto de decir "sí, quiero," o vive en negación.

Dos personas pecaminosas viviendo bajo el mismo techo pueden ser una mezcla volátil. Así que, ¿cuándo fue la última vez que se sintió traicionado o insultado por su novia o novio? ¿Fue un insulto? ¿Un comentario despectivo? ¿Una frase sarcástica acerca de cómo cocina, delante de unos amigos? O tal vez fue la noche de su aniversario cuando su marido se lo pasó viendo el partido. O tal vez están envueltos en una guerra de dardos verbales, o quizá se siente despreciado.

Ahora que está contemplando el hecho de que no se merecía ser tratado con tan poca sensibilidad, piense en cómo respondió. ¿Devolvió el insulto? ¿Escondió el dolor tras un velo de amargura? O encontró una manera de vengarse?

¿Por qué será que los matrimonios se conviertan en campos de batalla en lugar de un oasis de bendición, como antes soñaba? Esa no fue la intención de Dios. Muchas parejas responden a esa pregunta de la misma manera, "Es culpa de mi pareja. Si pudiera cambiarle, mi matrimonio iría genial." Pero la Biblia ofrece una solución muy distinta.

UNA VISTA RÁPIDA POR DELANTE

¿Sabía que en ninguna parte de la Biblia se nos dice que debemos cambiar a los demás? ¿Cambiar nuestras *propias* acciones? Sí. ¿Cambiar nuestras propias actitudes? Desde luego. Pero el momento en que nos desviamos por el camino a cambiar nuestra pareja, estamos en ruta por una calle sin salida. Si cogemos esa dirección, nos preparamos a nosotros mismos y a nuestra pareja para el vencimiento.

Quizá el mayor indicador de la relación basada en la actuación es si actuamos por nuestros impulsos naturales de cambiar nuestra pareja:

- "Es que usted no conoce a mi esposo, le importa más su coche que sus hijos."
- "Sólo estoy devolviendo lo que me da mi esposa. Una vez que ella admite su fallo, estaré dispuesto a admitir el mío."
- "Dejó de amarme hace tiempo."
- "Siempre se está quejando. Para ella nunca hago nada bien."

¿De qué manera intenta cambiar a su pareja?

- ¿Mediante la manipulación?
- ¿Mediante la culpabilidad?
- ¿Mediante el enfado?
- ¿Mediante una actitud de auto justicia?
- ¿Mediante el "tratamiento silencioso"?

La semana pasada aprendimos que para tener una relación basada en la fe debemos aceptar en fe el poder sobrenatural del Espíritu Santo. La parte más difícil de ceder al Espíritu es cuando nuestra carne reclama retribución y el Espíritu nos dice que hagamos lo contrario. Solamente cambiaremos cuando cedamos a las llamadas del Espíritu. Esta semana mientras aprendemos el cuatro principio de fe para la unión, vamos a subrayar dos métodos comprobados de cambiar su pareja.

 Caminar Diario, Primer Día

Asegúrese de leer las notas de estudio de la semana pasada antes de hacer esta sección.
Repaso:

1. ¿Por qué es tan importante comprender el ministerio del Espíritu Santo para reflejar la imagen de Dios en pareja?

_____
_____
_____

2. ¿En qué parte de su matrimonio tiene luchas con "caminar en el Espíritu"?

_____
_____
_____

3. ¿Por qué debemos "ceder al Espíritu" para conseguir la unión?

_____
_____
_____

✣ Pasos de fe ✣

Recuerde, estos ejercicios no son tema de conversación en la clase.
Como aplicación del material de la semana pasada, esto puede ser uno de los proyectos más importantes de este libro de ejercicios. No se salte esta tarea. Comprender la obra del Espíritu Santo no solamente cambiará su matrimonio, sino su vida personal también.

Primera parte (personal)
En Gálatas 5:16-23, aprendemos que nuestra carne pone sus deseos en contra de los deseos del Espíritu Santo. Si la carne domina nuestras vidas, habrá comportamiento no deseable. Por otra parte, si permitimos que el Espíritu Santo lleve nuestras vidas, se caractizarán por el fruto del Espíritu Santo. El propósito de esta primera parte es ayudarnos a determinar las obras o fruto que se encuentran presentes en nuestras vidas y matrimonios actualmente.

En la siguiente tabla, circule el número que mejor represente la frecuencia con la que aparecen las características anotados a la izquierda en su matrimonio y en las actividades o actitudes externas a su matrimonio. Utilice la siguiente escala:

1= nunca, 2= muy poco, 3= a veces, 4= a menudo, 5= siempre

CARACTERÍSTICAS	DENTRO DE SU RELACIÓN MATRIMONIAL	FUERA DE SU RELACIÓN MATRIMONIAL
Inmoralidad	1 2 3 4 5	1 2 3 4 5
Pensamientos Impuros	1 2 3 4 5	1 2 3 4 5
Lujuria	1 2 3 4 5	1 2 3 4 5
Tarot/ Horóscopos	1 2 3 4 5	1 2 3 4 5
Odio	1 2 3 4 5	1 2 3 4 5
Peleas	1 2 3 4 5	1 2 3 4 5
Celos	1 2 3 4 5	1 2 3 4 5

CARACTERÍSTICAS	DENTRO DE SU RELACIÓN MATRIMONIAL	FUERA DE SU RELACIÓN MATRIMONIAL
Enfado Repentino	1 2 3 4 5	1 2 3 4 5
Avaricia	1 2 3 4 5	1 2 3 4 5
Quejas	1 2 3 4 5	1 2 3 4 5
Crítica	1 2 3 4 5	1 2 3 4 5
Envidia	1 2 3 4 5	1 2 3 4 5
Borrachería	1 2 3 4 5	1 2 3 4 5
Locuras	1 2 3 4 5	1 2 3 4 5
Amor	1 2 3 4 5	1 2 3 4 5
Alegría	1 2 3 4 5	1 2 3 4 5
Paz	1 2 3 4 5	1 2 3 4 5
Paciencia	1 2 3 4 5	1 2 3 4 5
Bondad	1 2 3 4 5	1 2 3 4 5
Cariño	1 2 3 4 5	1 2 3 4 5
Mansedumbre	1 2 3 4 5	1 2 3 4 5
Auto Control	1 2 3 4 5	1 2 3 4 5

Nos enfocamos ahora en su comportamiento tanto dentro como fuera de su matrimonio.

Sume los números de los "actos de la naturaleza pecaminosa," o "hechos de la carne," demostrados en el texto normal. Luego sume los números del fruto del Espíritu, demostrados en cursiva. Debe haber una relación inversa—una numeración alta en el fruto del Espíritu significaría una numeración baja en las obras de la carne, ya que las Escrituras dicen que "andad en el Espíritu, y no satisfagáis los deseos de la carne" (Gálatas 5:16). Si tiene una puntuación de 30 o más para las últimas nueve características (en cursiva), el fruto del Espíritu debe ser evidente en su vida. No obstante, a menos que haya puntuado más que 35, debe permitir que el Espíritu Santo le de más poder a su matrimonio.

Segunda parte (personal)

La mayoría de las personas quieren un matrimonio que exhiba el fruto del Espíritu Santo, y aún así, la Primera Parte puede haber demostrado que tal fruto falta en su matrimonio y su vida.

El propósito de la Segunda Parte es dar pasos que nos ayuden a ceder al poder del Espíritu Santo.

Primer paso: Confiese los pecados conocidos.
Lea 1ª Juan 1:9 a continuación:

Si confesamos nuestros pecados, él es fiel y justo para perdonar nuestros pecados, y limpiarnos de toda maldad.

Ya que el pecado obstaculiza el poder de Espíritu Santo, cada uno de nosotros debe confesar nuestros pecados a Dios. Debemos estar de acuerdo con Dios en que hicimos mal.

¿Qué pecados debe confesar ante Dios ahora mismo? Revise la tabla anterior, pensando en hechos cometidos en la carne. Libere cualquier culpabilidad a Él y dale las gracias por perdonarle. Luego dale las gracias por no simplemente perdonar, sino por también olvidar su pecado (según el Salmo 103:10-12).

Segundo paso: De el control de su vida a Dios para hacer Su voluntad.
Lea Romanos 12:1-2 a continuación:

Así que, hermanos, os ruego por las misericordias de Dios, que presentéis vuestros cuerpos en sacrificio vivo, santo, agradable a Dios, que es vuestro culto racional. No os conforméis a este siglo, sino transformaos por medio de la renovación de vuestro entendimiento, para que comprobéis cuál sea la buena voluntad de Dios, agradable y perfecta.

Cuando nos convertimos, el Espíritu Santo llega para vivir en nostros para siempre. No nos controla a menos que le regalemos el control. Muchos cristianos viven vidas vencidas y sin poder porque no ceden el control. Pero Dios nos da una formula maravillosa para vivir una vida llena y con propósito. Presentar nuestros cuerpos a Dios incluye nuestro pasado (todo lo ocurrido—bueno y malo), nuestro presente (incluyendo nuestra familia, profesión y posesiones materiales), y nuestro futuro (todos nuestros temores, esperanzas y sueños).

Si Dios promete que Su voluntado nos es bueno, nos es grato y nos es perfecto, ¿qué más podemos pedir? Darle todo a Dios es lo mejor y lo más razonable que puede hacer cualquier cristiano. Si lo hace, la paz reinará en su mente y en su corazón.

Tercer paso: Caminar por fe en el poder del Espíritu Santo.

Cristo enfatizó que el Espíritu Santo es nuestro Ayudante para vivir la vida cristiana. Los cristianos deben caminar en el poder del Espíritu Santo (Gálatas 5:16, 25). Tras confesar todo pecado conocido y tras ceder el control de su vida a Dios, todo lo que el cristiano debe hacer para activar el poder del Espíritu Santo es creer que el Espíritu Santo realmente está disponble y luego salir para empezar a caminar en el Espíritu. Esto se llama fe, y solamente la fe le place a Dios (Hebreos 11:6).

Active ahora mismo al Espíritu Santo al orar la siguiente oración:

> *Querido Padre, te necesito. Reconozco que he estado dirigiendo mi propia vida y que, como resultado, he pecado contra Ti. Te agradezco que hayas perdonado mis pecados con la muerte de Cristo en la cruz por mi. Ahora le invito a Cristo a tomar el lugar que le corresponde en el trono de mi vida. Te doy mi pasado, mi presente y mi futuro. Tome el control de mi vida mediante el poder de Su Espíritu Santo. Como expresión de mi fe, ahora Te doy gracias por dirigir mi vida y por controlarme con Tu Espíritu Santo. En el nombre de Jesús, Amén.*

Tercera parte (como pareja)

El propósito de la Tercera Parte es liberar el poder del Espíritu Santo en su matrimonio. En un ambiente de amor y comunicación, complete los siguientes pasos antes de su próxima reunión en grupo.

- Repasar conjuntamente lo que han aprendido acerca del Espíritu Santo.

- Compartir las decisiones que han hecho y expresar su deseo de caminar en el Espíritu en su matrimonio.

- Tomarse de la mano y oren juntos. Exprésenle a Dios su deseo de caminar en el Espíritu en su matrimonio. Luego acuerden que desde ahora en adelante van a caminar en el Espíritu juntos a medida que cada uno permite que el Espíritu Santo guíe su vida.

  CAMINAR DIARIO, DÍA DOS

Antes de empezar su segundo viaje diario, léase el capítulo 7 en su libro acompañante, Dos haciéndose uno, *por Don y Sally Meredith.*

Es natural que los maridos y las mujeres intenten cambiarse. Pero en ningún sitio de las Escrituras se nos manda a cambiar otras personas. Al contrario, las Escrituras revelan que Dios ordena solamente dos fuerzas para cambiar su pareja: la *fuerza activa del amor* y la *fuerza reactiva de la bendición*—ambas se manifiestan mediante el poder de Espíritu en nosotros.

Vamos a ver primero la fuerza activa del amor. Ya que el amor es la fuerza activa de Dios para el cambio, vamos a definirlo para conseguir una clara comprensión.

1. La llamada de las Escrituras es ir más allá del amor romántico (*eros*) y amistoso (*philos*) a un amor más duradero (*ágape*). De los siguientes versículos que describen el amor ágape, ¿cómo definiría este amor?

Lucas 6:27-28, 31-36

_____

_____

1ª Juan 4:7-11

_____
_____

1ª Corintios 13:4-7

_____
_____

En ningún lugar de las Escrituras se nos manda a cambiar las personas. Solamente Dios cambia las personas

2. ¿Cuál es la clave de amar con amor ágape?

_____
_____
_____
_____

3. ¿Cuál es el obstáculo más grande al aplicar este tipo de amor en su matrimonio?

_____
_____
_____
_____

3. Caminar diario, Día tres

El amor ágape es la fuerza activa que Dios utiliza como instrumento de cambio en nuestros matrimonios. Es el tipo de amor que ayudará a llevarle a usted y su pareja a una relación basada en la fe, y es el único tipo de amor que aparece en las Escrituras con promesas adjuntas. Vamos a ver exactamente lo que nos cuentan las Escrituras acerca del amor *ágape*.

1. El amor ágape que aparece en los siguientes versículos implica ciertos resultados. Anote los resultados que observe.

Efesios 5:25-29

_____
_____

1ª Juan 4:18

_____
_____

CUARTA SEMANA: *Los instrumentos de Dios para el cambio*

Es normal escuchar quejas por tener que amar a la manera de Dios. Pero no hay otra cosa que funcione.

2. ¿Por qué estos resultados son importantes para su matrimonio?

_____
_____

3. En la segunda semana, aprendimos que las parejas deben recibirse cono la perfecta provisión de Dios para sus necesidades. ¿De qué manera nos ayuda el amor ágape a cumplir estos compromisos de fe obligatorios en el matrimonio?

_____
_____
_____

> *Cuando le dice "Lo/la amo" a su pareja, pregúntese cuál es el verdadero significado de esas palabras. ¿Se refiere al amor eros, philos o ágape? Solamente el amor ágape va a liberar el pleno poder de Dios en su matrimonio. Tal amor de sacrificio requiere fe, pero con el tiempo produce más fe, liberándole a su pareja de la necesidad de actuar, al mismo tiempo que le hace más bonito tanto por dentro como por fuera*

4 Caminar diario, Día cuatro

Muchas parejas viven en un ambiente de intercambio de insultos donde la retaliación es un modo de vivir. ¿Cómo podemos esperar cambios positivos de nuestra pareja si estamos insultándonos constantemente? Es imposible. Vamos a ver la alternativa que da Dios.

La palabra venganza no está en el vocabulario matrimonial de Dios. En cambio, si desea liberar Su poder para el cambio, las Escrituras nos dicen que devolvemos una bendición al recibir un insulto. Dios promete no solamente cambiar a su pareja, sino bendecirle a usted también. En las tareas de los días cuatro y cinco, vamos a definir insulto y bendición y luego vamos a descubrir la segunda fuerza de Dios para el cambio: la fuerza reactiva de la bendición.

1. La Biblia provee ejemplos de los numerosos insultos que pueden surgir en las relaciones. Estudie los siguientes pasajes, y después de cada versículo, indique que manera(s) de insultar a otra(s) persona(s) se describe. Los primeros dos ya están hechos para servir de ejemplo.

Proverbios 22:12:
Ser infiel o contencioso; traidor

Proverbios 26:21:
Contención con palabras, buscando peleas

Proverbios 27:15-16:

_____

Mateo 5:22:

_____

Gálatas 5:19-21:

_____

Efesios 5:4:

_____

Santiago 3:5-10:

_____

Santiago 3:14-15:

_____

2. ¿Cómo afectan estos insultos a su matrimonio?

_____

_____

3. La Biblia también provee muchos ejemplos de bendiciones que pueden ocurrir en las relaciones. Estudie los siguientes pasajes, y bajo cada versículo, anote todas las maneras de bendecirle a su pareja como observe.

> *Donde no hay dirección sabia, caerá el pueblo; mas en la multitud de consejeros hay seguridad* (PROVERBIOS 11:14).

_____

_____

> *Doy gracias a mi Dios siempre que me acuerdo de vosotros* (FILIPENSES 1:3).

Cada persona debe hacer una decisión voluntaria de devolver una bendición a pesar del dolor experimentado.

_____

_____

> *Así que, lejos sea de mí que peque yo contra Jehová cesando de rogar por vosotros; antes os instruiré en el camino bueno y recto.* (1ª SAMUEL 12:23).

_____

Pues si vosotros, siendo malos, sabéis dar buenas dádivas a vuestros hijos, ¿cuánto más vuestro Padre que está en los cielos dará buenas cosas a los que le pidan? (MATEO 7:11).

_____
_____

Nada hagáis por contienda o por vanagloria; antes bien con humildad, estimando cada uno a los demás como superiores a él mismo; no mirando cada uno por lo suyo propio, sino cada cual también por lo de los otros (FILIPENSES 2:3-4).

_____
_____

He aquí que tú eres hermosa, amiga mía; he aquí eres bella; tus ojos son como palomas. He aquí que tú eres hermoso, amado mío, y dulce; nuestro lecho es de flores (CANTARES 1:15-16).

_____
_____

4. ¿Le ha dado a su pareja afirmación (bendición) positiva esta semana? Si es así, describe sus acciones. Si no, ¡hágalo ahora!

_____
_____
_____

[5] CAMINAR DIARIO, DÍA CINCO

Ya que el impulso humano es de buscar venganza cuando se nos hace mal, la vengaza es uno de los peores pruebas para las parejas. Para algunos, la venganza es una explosión de ira, para otros es un castigo silencioso del que hizo el mal. Aunque muchos matrimonios caen por culpa de la venganza, Dios tiene muy claro lo que piensa de este tema.

Es importante toamr nota de que su lucha en el matrimonio es contra Satanás, no contra su pareja (Efesios 6:12). Vamos a ver la venganza y la alternativa de Dios: la fuerza reactiva de la bendición.

1. Lea Lucas 6:28 y Romanos 12:9-21. Basándose en estos versículos, ¿con qué ojos piensa que Dios ve la venganza? ¿Hay excepciones en las Escrituras para las declaraciones de Dios acerca de la venganza?

_____

2. Lea 1ª Pedro 3:8-12 a continuación:

Finalmente, sed todos de un mismo sentir, compasivos, amándoos fraternalmente, misericordiosos, amigables; no devolviendo mal por mal, ni maldición por maldición, sino por el contrario, bendiciendo, sabiendo que fuisteis llamados para que heredaseis bendición. Porque: el que quiere amar la vida y ver días buenos, refrene su lengua de mal, y sus labios no hablen engaño; apártese del mal, y haga el bien; busque la paz, y sígala. Porque los ojos del Señor están sobre los justos, y sus oídos atentos a sus oraciones; pero el rostro del Señor está contra aquellos que hacen el mal.

Anote razones, dichos o implicados, por las que es mejor devolver una bendición que un insulto cuando a uno se le hace mal.

3. Piense en algunas maneras prácticas de las que puede devolver una bendición por insulto.

4. Resume como la fuerza activa del amor y la fuerza reactiva de la bendición pueden causar cambios positivos en su pareja.

En la primera semana aprendimos:
PRINCIPIO DE FE NÚMERO UNO:
Por fe debemos comprometernos a los propósitos de Dios de reflejar Su imagen, reproducir una herencia divina y reinar en guerra espiritual.

En la segunda semana aprendimos:
PRINCIPIO DE FE NÚMERO DOS:
Por fe debemos recibir a nuestra pareja de Dios como Su provisión personal para nuestras necesidades personales.

En la tercera semana aprendimos:
PRINCIPIO DE FE NÚMERO TRES:
Por fe debemos comprometernos diariamente a liberar el poder del Espíritu Santo en nuestras vidas.

> ## Así que el CUARTO principio de fe que tiene Dios para la unión es:
>
> *Por fe, debemos someternos a las únicas fuerzas bíblicas activas y reactivas para el cambio matrimonial: el amor ágape y la bendición.*

⇒ *Aplicar el principio* ⇐

Uno de los versículos más prácticos de las Escrituras es Efesios 4:26:

Si os enojáis, no pequéis: procurad que el enojo no os dure todo el día.

Dese cuenta de que no dice, "procurad no enfadarse." La Biblia dice que no pequemos en nuestro enfado. Nuestra pareja nos va a hacer daño. Muchas veces puede llevar al enfado. Pero si respondemos con amor ágape en lugar de retaliación, podemos llegar a la resolución en lugar de la venganza.

Además, verá que nunca debemos acostarnos enfadados. Esto no significa, "¡quédense despiertos peleando!" Esto significa que debemos buscar una resolución rápidamente en lugar de guardarnos el rencor. Si la resolución necesita más tiempo, pónganlo en su agenda del próximo día.

¿Hay oportunidades para que aplique el amor ágape activamente en su matrimonio? En vez de amargarse, ¿por qué no buscar una manera de bendecirle a su pareja antes de apagar la luz? A continuación se incluye unos pasos para la resolución:

1. Busque el perdón de Dios por el enfado o la amargura que pueda estar en su corazón.

2. Afirme verbalmente su compromiso y amor por su pareja.

3. Quite "siempre" y "nunca" de su vocabulario. Es importante que el objeto de la conversación sea una situación específica cuando fue dañado; no debe ser su pareja. Por ejemplo. En vez de decir, "Tú nunca me haces sentirme especial," diga algo como, "Hace varias semanas desde que tú y yo pasamos tiempo asolas, y me gustaría muchísimo pasar tiempo contigo."

4. Lleguen a una resolución unida.

5. Oren juntos para la renovación del compromiso.

UN BREVE REPASO

Hay una manera de responderle a nuestra pareja, pero es con amunición divinamente inspirada—el amor *ágape* y la bendición. Hasta que cedamos intencionalmente al Espíritu y liberemos las dos fuerzas de Dios para el cambio—la fuerza activa del amor *ágape* y la fuerza reactiva del amor—nuestros esfuerzos de cambiar nuestra pareja serán en vano. En lugar de inspirar unión, abriremos el abismo de separación en nuestro matrimonio.

Padre Celestial, Te confieso que he sido manipulador y egoísta hacia mi pareja en el pasado. A veces le he insultado también. Padre, pido que pueda llegar a ser un agente de cambio creativo en la futura vida de mi pareja. Me comprometo desde hoy en adelante a agapear a mi pareja durante el resto de mi vida. Acepto que me hayas mandado a hacer esto en las Escrituras. Amaré mi pareja con sacrificio desde hoy en adelante a pesar de su actuación. En fe, miraré como Tu cambias mi vida y la vida de mi pareja donde sea necesario mediante el amor de Cristo. Padre, me comprometo también en el futuro a devolver una bendición cuando mi pareja me insulta. Permítame que confíe en Tu Palabra. En el nombre de Jesús, Amén.

PENSAMIENTOS PARA EL CAMINO

Complete las secciones *Caminar diario* de la cuarta semana y la charla del grupo antes de leer estas notas.

EL AMOR Y LA BENDICIÓN: LOS INSTRUMENTOS DE DIOS PARA EL CAMBIO MATRIMONIAL

A veces después del día de la boda, los matrimonios se alejan de la bendición y se acercan a los campos de batalla de los insultos. Muchos creen que la culpa nunca es suya. Los argumentos son intentos vanos de cambiar la pajrea. Pero, en ningún lugar de las Escrituras se nos anima a cambiar otras personas. No obstante, desde la caída del hombre, los esposos y las esposas han sido especialistas en desarrollar nuevas y creativas maneras de cambiar su pareja. Las variaciones sutiles de estos planes puede ser demasiado incluso para el terapeuta más sabio.

Solamente Dios puede cambiar las personas, y Él ha ordenado solamente dos fuerzas de cambio en el matrimonio: la fuerza activa del amor y la fuerza reactiva de la bendición. Mediante la aplicación de estos principios, Dios promete que cambiará nuestra pareja. ¡Puede que cambie nuestras vidas también!

LA FUERZA ACTIVA DEL AMOR ES EL PRIMER AGENTE QUE DIOS USA PARA EL CAMBIO

Nuestra cultura suele definir el amor de una manera que crea falsas expectativas. Las parejas deben decidir por su cuenta lo que es la definición del verdadero amor

El amor humano natural es limitado como agente de cambio en la unión.

El idioma griego (utilizado en el Nuevo Testamento original) define específicamente tres palabras para el amor.

El amor Eros es egoísta.

Esta palabra representa un amor que es emocional y físico, con énfasis en cumplir los deseos de él que busca el amor. Aunque el amor eros se usaba con frecuencia en la literatura griega, nunca es mencionada en las Escrituras. Y aunque el hombre lo cree un amor válido, el Espíritu Santo sabe que no. Este amor busca la actuación y su propio placer.

El amor Philos es amistad.

Este amor constituye una mejora significativa del amor eros e incluye la afección mutua entre dos personas. La preocupación mutua sobreviene el egoísmo del amor eros. La mayoría de los matrimonios cristianos se basan en el amor philos. En principio, el respeto mutuo y la afección unen la pareja. Desafortunadamente, tras varios años de matrimonio, muchas relaciones philos empiezan a deteriorar y llegan a ser relaciones eros. A medida que las parejas se enfocan en su actuación, pierden el respeto mutuo. El egoísmo y los derechos pueden reemplazar la tierna afección.

El amor Ágape es amor de sacrificio.

La tercera palabra usada para el amor, ágape, se desarrolla y motiva divinamente. Aparte de Dios y de las Escrituras, el amor ágape no sería humanamente posible. El amor ágape es el amor al que se refiere Cristo constantemente en el Nuevo Testamento. Es el amor que le ayudará a tener una relación de fe. (Efesios 5:25-29).

El amor ágape de Dios es ilimitada como agente de cambio en el matrimonio.

El amor ágape es de sacrificio. Está dirigido por Dios. El ágape es un tema primero entre Dios y el hombre, no entre dos personas. No se basa en sentimientos y circunstancias, sino en compromiso y una voluntad constante.

1. El amor *ágape* crea más amor y fe al sacar el temor (1ª Juan 4:7-11, 18 y Efesios 5:25-33). El amor *ágape* crea la seguridad de nunca escucharle a su pareja decir, "Ya no te quiero." Cuando se compromete a amar en sacrificio (*ágape*) a su pareja para toda la vida, ambos son liberados a una fuerza y esperanza renovada físicamente, emocionalmente y espiritualmente.

2. El amor *ágape* crea respeto (Juan 15:13). La naturaleza de sacrificio del amor ágape tiende a crear respeto por la persona que lo da.

3. El amor *ágape* culmina en la realización de las promesas bíblicas de Dios (1ª Juan 4:19). No podemos cambiar nuestra pareja personalmente. Solamente el amor ágape—el amor de Dios mediante nosotros—cambia las personas. Por fuerza de voluntad puede comprometerse a "agapear" su pareja. Solamente el amor incondicional, el amor independiente de las acciones y reacciones de su pareja, será lo que funcione. Dios empezará el proceso de cambiar su pareja mientras que usted le agapea.

LA FUERZA REACTIVA DE LA BENDICIÓN ES EL SEGUNDO INSTRUMENTO DE DIOS PARA EL CAMBIO EN EL MATRIMONIO

Cada persona tiene la capacidad de insultarle a los demás en situaciones difíciles, aunque Dios nos enseña a reaccionar con bendición hacia nuestra pareja, incluso cuando nos hace mal, si queremos cambiarle positivamente.

Las parejas casadas deben comprender que sus naturalezas destructivas amenazan la unión.

Las Escrituras dan muchos ejemplos de insultos y de su fuerza destructiva. Aquí hay varios:

1. Llamarse nombres feos (Mateo 5:22).

2. Sarcasmo y ridículo (Efesios 5:4).

3. La mujer contenciosa (Proverbios 21:9 y 27:15-16).

4. El hombre contencioso (Proverbios 26:21).

5. La lengua desfrenada (Santiago 3:5-10).

6. Mentirle a su pareja (Proverbios 12:22).

7. Insultos y abusos en general (Gálatas 5:19-21).

Las parejas casadas deben practicar la fuerza poderosa de la bendición.

El insulto es la reacción humana normal, mientras que bendecirle a alguien requiere una perspectiva divina y una decisión de voluntad. Permítanos considerar varios usos de la palabra "bendición" en las Escrituras y como se puede aplicar a nuestros matrimonios.

1. Alabarle a Dios y su pareja (Lucas 1:64; 6:28; 2ª Timoteo 1:3-6).

2. Darle gracias a Dios por su pareja y darle gracias a su pareja (Lucas 2:28 y Marcos 6:41).

3. Pedir el favor de Dios, orar por su pareja (1o Samuel 12:23).

4. Darle beneficios o regalos a su pareja (Marcos 6:41; Lucas 11:13).

5. Buscar el consejo de su pareja (Proverbios 27:9).

6. Animarle a su pareja (Filipenses 2:1-4).

LA NATURALEZA HUMANA CONFLICTA CON LA LLAMADA DE DIOS A DAR BENDICIÓN.

Por el hecho de que Adán pecara, la humanidad heredó una naturaleza egoísta que por lo general es insensible. Esta naturaleza egoísta origina ideas y pasiones que conflictan con la Palabra y el plan de Dios para nuestras vidas.

1. Las perspectivas de gente y de Dios conflictan de muchas maneras (Ver tabla a continuación.)
2. Dios condena la venganza (Romanos 12:17-21; 1ª Tesalonicenses 5:15).

CUATRO RAZONES PARA DEVOLVER UNA BENDICIÓN CUANDO SU PAREJA LE INSULTA

¡Debemos responder con bendición tanto porque es la voluntad de Dios como porque es la puerta a la bendición personal y al favor de Dios en nuestra vida!

1. Será bendecido (1ª Pedro 3:8-9).

2. Disfrutará de la vida (1ª Pedro 3:10).

3. Dios escuchará sus oraciones (1ª Pedro 3:12a).

4. Dios está en contra de los que insultan o hacen mal a los demás (1ª Pedro 3:12b).

LA PERSPECTIVA DEL HOMBRE VERSUS LA PERSPECTIVA DE DIOS

LA PERSPECTIVA DEL HOMBRE (EL SISTEMA DEL MUNDO)	LA PERSPECTIVA DE DIOS
1. Las personas son mi problema.	"Porque no tenemos lucha contra sangre y carne, sino contra … huestes espirituales de maldad en las regiones celestes." (Efesios 6:12)
2. El éxito es la primera prioridad.	"Mas buscad primeramente el reino de Dios y su justicia, y todas estas cosas os serán añadidas." (Mateo 6:33)
3. Agárrese de lo que tiene a toda costa o perderá todo.	"Dad, y se os dará; medida buena, apretada, remecida y rebosando darán en vuestro regazo." (Lucas 6:38)
4. Las posesiones materiales traen más felicidad.	"Bienaventurados los que tienen hambre y sed de justicia, porque ellos serán saciados."(Mateo 5:6)
5. La mayoría de mis problemas son causados por el que tiene autoridad.	"Sométase toda persona a las autoridades superiores; porque no hay autoridad sino de parte de Dios, y las que hay, por Dios han sido establecidas … Porque los magistrados no están para infundir temor al que hace el bien, sino al malo." (Romanos 13:1, 3)
6. Ama a los amigos, pero hay que vengarse de los enemigos antes de que le venguen a uno.	"Pero yo os digo: Amad a vuestros enemigos … orad por los que os ultrajan y os persiguen." (Mateo 5:44)
7. Si me hubiera casado con alguien más dotado sería más feliz.	"Pero todas estas cosas las hace uno y el mismo Espíritu, repartiendo a cada uno en particular como él quiere." (1ª Corintios 12:11)
8. En esta vida, hay que cuidar del Número Uno.	"Si alguno quiere ser el primero, será el postrero de todos, y el servidor de todos.." (Marcos 9:35)
9. Mi pareja no puede hacer nada. Ojalá me hubiera casado con alguien que Dios pudiera usar.	"Yo planté, Apolos regó; pero el crecimiento lo ha dado Dios. Así que ni el que planta es algo, ni el que riega, sino Dios, que da el crecimiento." (1ª Corintios 3:6-7)
10. Le enseñaré a ese a no cruzarme.	"No os venguéis vosotros mismos, amados míos, sino dejad lugar a la ira de Dios; porque escrito está: Mía es la venganza, yo pagaré, dice el Señor.'" (Romanos 12:19)
11. Voy a la cima y no me importa a quien tenga que pisar para llegar.	"Humillaos, pues, bajo la poderosa mano de Dios, para que él os exalte cuando fuere tiempo." (1ª Pedro 5:6)

DAR UNA BENDICIÓN, AUNQUE DIFÍCIL, ES POSIBLE AL SEGUIR EL PLAN DE DIOS.

Ya que responder con una bendición es difícil, muchas parejas tienen confusión al intentar responder ante un insulto. Afortunadamente, las Escrituras nos dan directrices claras sobre cómo entregar una bendición y sobre cómo evitar responder con otro insulto.

Se pueden dibujar cuatro pasos del ejemplo de Cristo para responder a un insulto, como vemos en 1ª Pedro 2:21-25. Cuando su pareja le insulta, debe dar los siguientes pasos.

1. Quitar todo pecado de su vida (versículo 22).

2. Tener la intención de bendecir, no de insultar, a la persona que le hizo daño (versículo 23a).

3. Comprometerse usted mismo y su situación al Señor (versículo 23b).

4. Estar dispuesto a sufrir para reconciliarse con su ofensor (versículos 24-25).

Dese cuenta de que las bendiciones de Cristo no aprobaban las acciones hechas en contra de Él.

Puede parar el ciclo de insultos en su matrimonio al empezar un ciclo de bendiciones.

1. Si sigue su instinto humano natural, surgirá un ciclo de insultos.

Entrar en un ciclo de insultos eventualmente llevará a (1) el fracaso de la unión en su matrimonio, (2) el fracaso de reflejar, reproducir y reinar y (3) el fracaso de recibir bendiciones.

2. Si sigue la Palabra de Dios en fe y responde al insulto de su pareja con una bendición, surgirá un ciclo de bendiciones.

Repase, por favor, la tabla, "Los Ciclos de Insultos y Bendiciones," demostrado en la próxima página. Claramente, cuando devuelve un insulto por otro, llegan más insultos. Pero cuando responde a un insulto con una bendición, su pareja será convencido, y con más palabras de bendición, es probable que su pareja le bendiga a usted. Esto culmina en unión, la habilidad de reflejar, reproducir y reinar y de recibir bendiciones.

Figura 4
CICLOS DE INSULTOS Y DE BENDICIONES

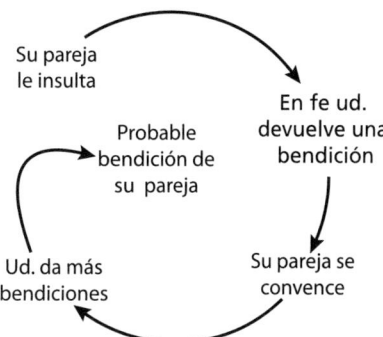

3. El Espíritu Santo le puede equipar para responder como Cristo.

Al bendecir su pareja repetidamente cuando le hace daño, verá tan buenos resultados que se le hará más fácil con el tiempo.

Al ejercitar el amor ágape como fuerza activa de cambio en su matrimonio, y al reaccionar ante los insultos con bendiciones, verá como Dios obra en su matrimonio y experimentará la bendición de una relación de fe sobrenatural. Recuerde: solamente Dios puede cambiarle a su pareja, y lo hace a través de su amor ágape, al responder ante insultos con bendiciones.

QUINTA SEMANA:

El orden de Dios para
LA UNIÓN MATRIMONIAL:
Amor y respeto mutuo

VERSÍCULO DE MEMORIZACIÓN

Someteos unos a otros en el temor de Dios.

(EFESIOS 5:21)

EL ORDEN DE DIOS PARA LA UNIDAD MARITAL

Si empezamos a hablar en esta cultura acerca de los papeles matrimoniales basados en el género, sería mejor si cambiamos nuestra ropa por una piel de oso, cogemos un bastón y nos ponemos "Neandertal" en la cabeza. Está claro que no es un tema popular.

Aún así, a Dios nunca le importaron las opiniones del hombre. Nunca ha basado Su verdad en el porcentaje votado. Nunca hace decisiones con la ayuda de grupos de enfoque. Así que, la mayoría de Su verdad acerca del orden divino en el matrimonio no se ha comprendido a lo largo de los siglos.

Los hombres escuchan, "porque el marido es cabeza de la mujer," (Efesios 5:23), y gritan de alegría. El marido interpreta este versículo como cierto nivel de actuación necesaria para su mujer. La reina buscada con tanto ardor el día de su boda, puede convertirse en cocinera, limpiadora y esclava del dormitorio. Porque, "Soy el rey de mi castillo," dice el hombre.

Las mujeres le escuchan al Apóstol Pedro decir, "asimismo vosotras, mujeres, estad sujetas a vuestros maridos," (1ª Pedro 3:1), y la primera reacción es, "De acuerdo, Pedro. Me voy a someter voluntariamente. Siempre que mi marido sea atento, saque la basura, juegue con los niños, no enciende la tele al llegar a casa y, desde luego, sea el líder espiritual con sensibilidad..." Puede rellenar el hueco. Es natural pensar en la respuesta de la mujer hacia su marido como condicional, basada en su actuación, "Si mi marido se comporta de tal forma, entonces le honraré, serviré y amaré con fidelidad."

Como es de esperar, Dios llama a los hombres y a las mujeres a una perspectiva más radical, una que está opuesta al pensamiento del hombre.

UNA VISTA RÁPIDA POR DELANTE

Si quiere un modelo para los papeles del marido y la mujer en el matrimonio, debe ir al arquitecto del matrimonio—Dios. Desafortunadamente, es uno de los temas de las Escrituras que más confusión ha creado.

Puede que tenga sus propias preguntas sobre cómo Dios ve los papeles del género dentro del hogar:
- ¿Creó Dios al hombre y la mujer por igual?
- ¿Fue intención de Dios que el hombre y la mujer tuvieran papeles distintos en la familia?
- ¿Los hombres tienen ventaja sobre las mujeres a los ojos de Dios?

Hemos llegado lejos en nuestro viaje desde la actuación hacia la fe en el matrimonio. Aceptar el propósito, la provisión, el poder y los instrumentos de cambio de Dios nos van a ir acercando a la intimidad en nuestra relación matrimonial. Sin embargo, hay un fuerte enemigo que bloquea nuestro camino hacia el quinto y último principio para la unión.

Cuando la serpiente entró en el Jardín en Génesis 3, la primera cosa que atacó fue la unión del marido y la mujer. Después de que Adán y Eva hubieran comido su primer bocado de pecado, la familia sufrió a continuación durante todo el libro de Génesis. La santidad del matrimonio se perdía mediante el incesto (Noé), la inversión de los papeles (Abraham y Sara) y los celos que llevaron a una competición por tener hijos (Jacob, Raquel y Leah).

Desde el principio una de las principales metas de Satanás ha sido romper la familia. Una vez que envenena la raís de unión entre el marido y la mujer, su fruto puede darse en muchas generaciones.

CAMINAR DIARIO, DÍA UNO

Asegúrese de leer las notas de estudio de la semana pasada antes de hacer esta sección. **Repaso:**

1. ¿Cómo describiría las diferencias entre el amor eros, philos y ágape? ¿Por qué es el amor ágape único y necesario para la unión?

___

___

___

___

2. Del ejemplo que nos da Cristo en 1ª Pedro 2:21-25, anote cuatro pasos que puede utilizar para responder ante un insulto con una bendición.

___
___
___

3. ¿Por qué es inútil intentar cambiar su pareja? ¿De qué modo intenta cambiarle a su pareja? ¿Por qué no funciona?

___
___
___
___

4. ¿Cuáles son las fuerzas necesarias que Dios ordenó para cambiar nuestra pareja? ¿Ha intentado aplicarlas a su matrimonio? Si es así, ¿cómo?

___
___
___

⇾ *Pasos de fe* ⇽

Recuerde, estos ejercicios no son tema de conversación en la clase.

Primera parte (personal)
Pase tiempo a solas con Dios orando por los siguientes temas:

Confiese cualquier fracaso en el pasado de amar su pareja y devolver una bendición cuando le haya hecho daño.

Acepte su responsabilidad de amar (ágape) en sacrificio, a pesar de la actuación de su pareja. Luego acepte su responsabilidad y confiésale a Dios todo fracaso al devolver una bendición cuando le hayan hecho daño.

Dale las gracias a Dios por su nueva comprensión de lo siguiente:
• El amor ágape le permite a Dios cambiar su pareja.
• Devolver una bendición cuando le hacen mal no sólo para el ciclo de los insultos, sino que le anima a su pareja a cambiar y a bendecirle a usted también.

En fe, comprométase a creerle a Dios en cuanto a los siguientes temas:
• Comprometerse a amar (ágape) y bendecirle a su pareja en el futuro.
• Comprometerse a sufrir momentáneamente para demostrarle este compromiso a su pareja.

Segunda parte (como pareja)

De nuevo, es muy importante su capacidad de comunicar eficazmente sus nuevos compromisos a su pareja. Mientras más demuestra y comunica, más podrá Dios obrar en la vida de su pareja.

Antes del próximo estudio en grupo, tome un tiempo aparte con su pareja. Su meta ahora debe ser verbalizar sus compromisos.

1. Comience contando su nueva comprensión del significado de la palabra amor.

2. Cuéntele a su pareja con creatividad de su nuevo compromiso de amor. Asegúrale a su pareja de que no debe preocuparse nunca por escucharle a usted decir, "Ya no te amo." Haga un compromiso de quitar la palabra "divorcio" de su vocabulario (Malaquías 2:16).

3. Hablen acerca de su nueva comprensión del principio de devolver una bendición cuando se le hace daño.

4. Cuente con creatividad su compromiso de bendecirle a su pareja en el futuro cuando le hace daño. Anímale a su pareja a unirse a usted en esta decisión de fe.

Antes de empezar el próximo viaje diario, léanse los capítulos 8-9 en su libro acompañante, Dos haciéndose uno, *por Don y Sally Meredith.*

2 CAMINAR DIARIO, DÍA DOS

Dios diseñó un plan para los papeles en el matrimonio. En lugar de inhibir o reprimir, la intención de estos papeles era dar bendición y libertad al matrimonio. Cuando Dios diseñó los distintos papeles de la Trinidad (1ª Corintios 11:3), lo hizo con un propósito, lo cual no era que Jesús ni el Espíritu Santo fuesen menos que Dios. De hecho, son todos iguales en esencia, aunque distintos en sus papeles.

Antes de ver los papeles dinámicos del marido y la mujer, vamos a examinar las razones por las que el plan de Dios para la relación causa tantos malos entendidos. Todo comenzó con el engaño de la serpiente y la fruta.

1. Busque Génesis 3:1-7 y 1ª Juan 2:16. ¿Cuáles instintos humanos tentó Satanás cuando engañó a Adán y Eva?

_____

_____

2. ¿Qué mentira se creyeron Adán y Eva acerca del árbol en medio del jardín?

_____

_____

_____

3. ¿Cómo se comparaba la mentira de Satanás a las declaraciones de Dios acerca del árbol?

_____

_____

_____

4. Busque Génesis 3:8-14. ¿Qué intentaban esconder Adán y Eva y por qué? ¿Cómo fue afectada su unión por el pecado? ¿A quién le echó la culpa Adán?

_____

_____

_____

_____

3️⃣ Caminar diario, Día tres

Desde la Caída en Génesis 3, vemos como todos los matrimonios han caído en la trampa de la *actuación*. Cuando Adán le culpó a Eva, señaló las equivocaciones de su esposa como razón de sus problemas en lugar de su propio pecado. El "juego de la culpa" se ha jugado en los matrimonios desde entonces.

1. Lea los siguientes versículos que tratan acerca del enemigo al que nos efrentamos:

Porque no tenemos lucha contra sangre y carne, sino contra principados, contra potestades, contra los gobernadores de las tinieblas de este siglo, contra huestes espirituales de maldad en las regiones celestes. (Efesios 6:12)

Vosotros sois de vuestro padre el diablo, y los deseos de vuestro padre queréis hacer. El ha sido homicida desde el principio, y no ha permanecido en la verdad, porque no hay verdad en él. Cuando habla mentira, de suyo habla; porque es mentiroso, y padre de mentira. (Juan 8:44)

¿Cuál es la naturaleza básica de Satanás y cómo lo utiliza en el matrimonio?

_____

_____

_____

¿Por qué quiere Satanás que usted vea a su pareja como el problema de su matrimonio?

_____

_____

2. A la luz de su engaño en el jardín, ¿cómo intenta Satanás engañar a los maridos y a las mujeres cuando se trata de sus papeles y el orden de Dios en el matrimonio?

___

3. ¿Por qué vemos nuestros papeles matrimoniales como limitaciones? (Considere también las presiones de la sociedad y la cultura.)

___

 # Caminar diario, Día cuatro

Mientras que Satanás ha atacado el matrimonio a propósito con el engaño, las Escrituras demuestran la estructura perfecta que Dios diseñó para el matrimonio. Al empezar a ver la instrucción de la Biblia para los esposos y las esposas, recuerde: Satanás siempre coge las buenas intenciones de Dios para pevertirlas.

Abran las Biblias y empecemos con dos pasajes claves: Efessio 5:21-33 y 1ª Pedro 3:7.

Cuando Dios nos dice que amemos y que nos sometamos, sólo quiere orden, bendición y unión—no luchas.

En el primer pasaje, dense cuenta de lo que dice Dios en Efesios 5:21:

Someteos unos a otros en el temor de Dios.

Antes de mandarle al marido que amara a su mujer o a la mujer que respetara su marido (Efesios 5:33), los mandó a los dos que se sometiesen mutumente.

Someterse significa escuchar el corazón del otro, respetar las opiniones del otro, honrar los pensamientos del otro y servir las necesidades del otro ante que las de uno mismo. Además, mire como en Efesios 5:18, Dios nos manda a llenarnos con el Espíritu para que todo esto pueda ocurrir.

Esto nos lleva al principio de fe número tres. Sin el poder de Dios no podremos aceptar el orden de Dios en el matrimonio. Si el marido o la mujer no camina en el Espíritu, ninguno puede ser obediente en el proceso de someterse. Ahora vamos a estudiar los distintos mandamientos al esposo y la esposa.

Instrucciones para los maridos *(que respondan los hombres)*

1. Anote los mandamientos que se le da al marido en Efesios 5:25-33 y 1ª Pedro 3:7.

2. Se le llama al marido a amar su mujer como Cristo amó la iglesia. ¿Cómo se puede aplicar esto a usted mismo?

3. Busque 1ª Pedro 3:7. ¿Qué significa vivir con su mujer de manera comprensiva?

4. ¿En qué tema tiene más lucha para tratar de guiarle a su mujer?

NOTA A LOS ESPOSOS:
La palabra someterse puede ser definido como "ponerse bajo la autoridad de otro voluntariamente." Esposos, la Biblia nunca se les dice que obliguen sus mujeres a someterse. Su responsabilidad es de amar su mujer (ágape) Si ama y respeta su mujer correctamente, no le será difícil a ella someterse. La sumisión siempre es la acción voluntaria de la esposa cuando comprende la perspectiva de Dios. Recuerde, el modo en que el marido le trata a su mujer tiene mayor influencia sobre su deseo de someterse. En 1ª Pedro 3:7, Pedro les dice a los maridos que "comprendan" a sus mujeres y que la traten como la "más delicada" (físicamente). ¿Ha tomado el tiempo de ser un experto en comprender su mujer? La palabra "delicada" significa que tiene algo de mucho valor, algo exquisito. Esta cosa delicada es como una vajilla de porcelana, no los platos de todos los días que se tratan sin cuidado, pero una vajilla preciosa que necesita la mayor atención. Su esposa es el mejor regalo que Dios le pudo dar. Si la trata como una vajilla de porcelana, la sumisión no será un tema a tratar en su matrimonio

Instrucciones para las esposas: *(que respondan las mujeres)*

1. Busque 1ª Pedro 3:1-6 y Efesios 5:22-24, 33 y anote los mandamientos que se le da a la mujer.

2. ¿Con qué tema lucha más al intentar someterse al liderazgo de su esposo en el hogar?

_____
_____

3. Anote las bendiciones que se le da a la mujer que confía en Dios y respeta su esposo.

_____
_____
_____

5 Caminar diario, Día cinco

Ahora que hemos examinado los mandamientos de Dios para los maridos y las mujeres, vamos a estudiar el ejemplo de la relación de Cristo con el Padre. No deja lugar a duda acerca de cómo aplicar los pasajes que acabamos de repasar.

1. Busque Lucas 22:25-27. ¿Cómo definiría a un líder que "se enseñorea" de los demás?

_____
_____

2. ¿Cómo define Cristo el segundo tipo de líder en este pasaje? ¿En cuántas formas puede practicar este tipo de liderazgo el marido? Piense con lógica.

_____
_____
_____

3. *Para los esposos:* Si Cristo le preguntara a su mujer qué tipo de lider es usted en la familia ¿cómo puede responder ella? ¿Qué áreas necesitan mejora?

_____
_____
_____

Para las mujeres: Si Cristo le preguntara a su marido cómo se somete usted a su liderazgo, ¿cómo puede responder él? ¿Qué áreas necesitan mejorar?

_____
_____
_____

4. Busque Filipenses 2:1-8. ¿Cómo debe afectar nuestras actitudes en el matrimonio el ejemplo de Cristo?

_____
_____
_____

5. ¿Qué papeles deben tomar en su matrimonio el amor del marido y la sumisión de la mujer a la hora de resolver una diferencia de opinión?

_____
_____
_____

En la primera semana aprendimos:
PRINCIPIO DE FE NÚMERO UNO:
Por fe debemos comprometernos a los propósitos de Dios de reflejar Su imagen, reproducir una herencia divina y reinar en guerra espiritual.

En la segunda semana aprendimos:
PRINCIPIO DE FE NÚMERO DOS:
Por fe debemos recibir a nuestra pareja de Dios como Su provisión personal para nuestras necesidades individuales.

En la tercera semana aprendimos:
PRINCIPIO DE FE NÚMERO TRES:
Por fe debemos comprometernos diariamente a liberar el poder del Espíritu Santo en nuestras vidas.

En la cuarta semana aprendimos:
PRINCIPIO DE FE NÚMERO CUATRO:
Por fe, debemos someternos a las únicas fuerzas bíblicas activas y reactivas para el cambio matrimonial: el amor ágape y la bendición.

> ## Así que el QUINTO principio de fe que tiene Dios para la unión es:
> *Por fe, debemos buscar la sabiduría de Dios acerca de nuestras responsabilidades de amor y respeto mutuos.*

❖ *Aplicar el principio* ❖

Piense en algún matrimonio que admira. Pueden ser sus padres, abuelos, amigos de la familia o un vecino. Debe ser alguien a quien haya tenido tiempo de examinar.

1. ¿Qué es lo que hace que destaque su matrimonio?

_____
_____
_____

2. ¿Cómo emulan los principios que estudiamos esta semana: amor y sumisión?

_____
_____
_____

3. Según nuestro estudio, piense en una manera práctica para cambiar sus acciones hacia su pareja.

_____
_____
_____

Comprométase a compartir su acción con su pareja de manera creativa esta semana.

UN BREVE REPASO

No hay relaciones de cincuenta por ciento en el matrimonio. El plan de Dios siempre es cien por cien. Para que el matrimonio funciones, tanto el marido como la mujer deben someter sus vidas a Dios y luego a los papeles que les dio Dios desde la creación. Mujeres, confíen en Dios y sométanse a sus maridos; maridos, amen a sus mujeres tal como Cristo amó la Iglesia. Si alguno de los dos es negligente en su papel, es como remar un barco con sólo remo. No irá a ninguna parte. No obstante, eso no significa que la otra persona tiene el derecho de abandonar el barco. Irónicamente, al aceptar el orden de Dios en el matrimonio con fe, experimentaremos lo que toda persona desea pero apenas nunca encuentra: verdadera intimidad, verdadera unión.

ORACIÓN ❦HACIÉNDOSE UNO
PARA LOS MARIDOS: *Padre Celestial, gracias por Tu Palabra y por cómo me da sabiduría acerca de mi papel como esposo. Perdóname por mis fallos en el pasado al intentar amar mi mujer como Cristo amó la Iglesia. Protégeme del engaño de Satanás en el futuro. Me comprometo a dejar de ser un esposo "señor" y a pedir la humildad para verdaderamente servir las necesidades de mi esposa. Permítame amar y quererla con sacrificio como si fuera mi propio cuerpo y ayúdeme a animar y motivarla. En fe, voy a confiar en Ti para que la santifiques mientras la haces más bella por dentro y por fuera y la haces todo para lo que Tú la creaste. En el nombre de Jesús, Amén.*

ORACIÓN ❦HACIÉNDOSE UNO
PARA LAS MUJERES: *Padre Celestial, gracias por Tu Palabra y por cómo me da sabiduría en cuanto a mi papel como esposa. Perdóname por mis fallos en el pasado al intentar demostrarle un espíritu de sumisión y respeto a mi marido. Protégeme del engaño de Satanás en el futuro. Déme la fe de servir las necesidades de mi esposo humildemente y permítame que le demuestre una actitud de amor y respeto. En fe, voy a confiar en Ti para obrar en su vida mientras que Tú te responsabilices de mis necesidades. Gracias que pueda estar sin temor al confiar en Ti. En el nombre de Jesús, Amén.*

PENSAMIENTOS PARA EL CAMINO

Complete las secciones Caminar diario de la quinta semana y la charla del grupo antes de leer estas notas.

AMOR Y RESPETO: LAS HERRAMIENTAS DE DIOS PARA LA UNIDAD MARITAL

Hoy en día cuando se habla de los papeles del marido y la mujer en una relación de matrimonio, se recibe una respuesta muy fuerte.

Surgen preguntas como éstas:
- ¿Tiene ventaja el marido?
- ¿Se limita la mujer por la sumisión?

Hay pocos temas que tengan tanto potencial para destruir la unión e impedir los propósitos de Dios para el matrimonio.

Satanás les ha mentido a las parejas desde el Jardín de Edén. Ya que muchas parejas no conocen las Escrituras, creen las mentiras de Satanás. Pero desde la perspectiva de Dios, cumplir los papeles matrimoniales nos da alegría y esperanza.

LAS MENTIRAS DE SATANÁS Y EL PECADO DEL HOMBRE

Antes de la caída del hombre, el esposo y la esposa cumplían sus responsabilidades matrimoniales. En el Jardían, Dios les instruyó a Adán y Eva y los bendijo. Expuestos en todos los sentidos, Adán y Eva confiaban completamente en los propósitos de Dios para sus vidas.

Desde la Caída, los maridos y las mujeres han luchado con sus responsabilidades. El pecado cambió la dirección de las miradas de Adán y Eva de ver a Dios a verse a si mismos, resultando en una preocupación consigo mismo. Adán y Eva perdieron la experiencia de la unión.

Poco después de empezar a jugar el "Juego de la Culpa," Adán le culpó a Eva además de no tomar responsabilidad por su pecado. Luego le culpó a Dios. Eva le culpó a la serpiente. El orgullo egoísta reemplazó la unión y el orden.

Adán y Eva se creyeron las mentiras de Satanás y como consecuencia, pecaron. En su engaño en el Jardín de Edén, vemos como Satanás atrae nuestro egoísmo al hacernos creer que la provisión de Dios es una limitación. Una vez que nos creamos las mentiras de Satanás, nuestra naturaleza humana natural nos lleva al pecado.

Cuando Dios nos ordenó en el principio a amar y someternos, Su plan era que experimentaramos relaciones, que se nos cumplieran las necesidades y que estuvieramos equipados para reflejar, reproducir y reinar. La persona que vea la vida con la perspectiva de Dios sabe que el que ama no tiene ventaja sobre el que responde. Pero nuestra carne resiente la diferencia. Satanás quiere destruir nuestra unión.

Dios sabía que ni habría relaciones satisfactorias ni unión sin el amro y la sumisión. La intención de Dios siempre fue buena. Dios solo puede cumplir nuestras necesidades de soledad mediante nuestro amor y sumisión. Las relaciones ágape sólo existen cuando existen el amor y el respeto mutuos.

LOS MARIDOS Y LAS MUJERES DEBEN RESISTIR EL ENGAÑO DE SATANÁS POR AGARRAR LA PERSPECTIVA DE DIOS.

El mandato de Dios al hombre de amar su mujer y el mandato a la mujer de someterse a, o de respetar su marido aclaran esto (Efesios 5:22-33; 1ª Pedro 3:1-7). La clave de mantener el orden de Dios para la unión matrimonial es demostrar amor, sumisión y respeto mutuo.

Los mandatos bíblicos demuestran que Dios no creó a ninguno de los sexos con ventaja.

Efesios 5:22-33 y 1ª Pedro 3:1-7 contienen mandatos que dejan poca duda acerca de las responsabilidades del esposo y la esposa. Ambos pasajes mandan amor y sumisión absoluto. Cada uno ofrece varias promesas de ánimo que se convierten en la esperanza y motivación para cumplir los mandatos.
- El amor debe ser de sacrificio (maridos Efesios 5:25).
- La sumisión debe ser como "para el Señor" (Efesios 5:22-24; 1ª Pedro 3:1-2).

Vamos a examinar las promesas adjuntas a los mandatos de amar y someterse.

Se hace evidente que Dios no creó a ninguno de los sexos con ventaja.

Dios lo hace fácil amar y someterse al apartar nuestra vista de los mandatos y poniéndola en las promesas que se van a cumplir al amar y someternos en fe.
- El amor del marido libera la mujer para ser santa en su carácter (Efesios 5:26).
- El amor del marido libera la mujer para caracterizarse por un atractivo externo y una alegría interno al mismo tiempo que se convierte en todo para lo que Dios la creó (Efesios 5:27).
- La sensibilidad del marido hacia la mujer libera su vida de oración (1ª Pedro 3:7).
- La sumisión de la mujer calla las protestas del marido (1ª Pedro 2:15).
- El comportamiento respetuoso de la mujer puede acercar su marido a Dios (1ª Pedro 3:1).
- La mujer que confía en Dios más que en las maquinaciones humanas será preciosa para Dios (1ª Pedro 3:3-4).
- La mujer que pone su confianza en Dios, no en su marido, no tendrá temor (1ª Pedro 3:5-6).

Demostrar amor y sumisión en el matrimonio es cosa de sabiduría bíblica.

Dios les dice a los maridos y a las mujeres que amen y se sometan por las siguientes razones:
- Nos permite cumplir Sus propósitos para el matrimonio: reflejar, reproducir y reinar.
- Dios es el Autor y el Garantizador de nuestras necesidades relacionales; así que, Él protege a él que ama y se somete.
- Ya que Dios es un Dios de orden, hizo la humanidad para existir en contrapartes y dentro de una estructura (1ª Corintios 11:3, 11-12).

El amor y la sumisión pueden ser explicadas por el ejemplo y la práctica en el Nuevo Testamento.

En el Nuevo Testamento vemos que el respeto mutuo es esencial. Jesucristo mismo aclaró este tema:
mas no así vosotros, sino sea el mayor entre vosotros como

el más joven, y el que dirige, como el que sirve. Porque, ¿cuál es mayor, el que se sienta a la mesa, o el que sirve? ¿No es el que se sienta a la mesa? Mas yo estoy entre vosotros como el que sirve. (LUCAS 22:26-27)

Génesis 2:18 es el versículo que mejor captura la esperanza de la mujer de bendecir su marido y reflejar la imagen de Dios: "Una ayuda idónea." Una descripción breve pero excelente de la ayuda idónea aparece en Tito 2:3: "portarse con reverencia" (ver también versículos 4-5). Cuando la mujer ve la vida desde la perspectiva de Dios, no es tan vulnerable a los ataques de Satanás porque conoce la Palabra de Dios y se confía a Él. Su confianza en Dios la lleva a unir su fuerza con la Suya para crear una familia santa.

Solamente la perspectiva de Dios permite que la mujer bendiga su marido. Si usted es esposa, ¡su esposo se encuentra sólo y necesita desesperadamente una compañera, una ayudante, una compleción, una amiga!

La sabiduría final ve el amor y la sumisión como bendiciones que se regalan. La confianza de Cristo en Dios el Padre le permitió ver el amor y la sumisión como las mayores bendiciones de la eternidad. Filipenses 2:1-11 nos ilustra la actitud de Cristo, "No hagáis nada por rivalidad u orgullo, sino con humildad; y considere cada uno a los demás como mejores que él."

La humildad es la clave de conseguir la meta de Dios para su matrimonio—la unión. La humildad no es arrinconarse emocionalmente, sino una marca de fuerza y confianza de Dios. Sin humildad, no hay ánimo, amor, comunión, afección ni compasión.

CRISTO ES EL MODELO DEL AMOR Y LA SUMISIÓN

La sumisión y el liderazgo como siervo son las características normales de un discípulo de Cristo. Nos sometemos primeramente a Dios y su voluntad en nuestras vidas. En segundo lugar se nos llama a amar a los demás antes que a nosotros mismos.

Se humilló a sí mismo, haciéndose obediente hasta la muerte, y muerte de cruz. Por lo cual Dios también le exaltó hasta lo sumo, y le dio un nombre que es sobre todo nombre. (FILIPENSES 2:8-9)

Nuestro modelo para la sumisión y el liderazgo como siervo es Jesucristo. Aunque sea uno con el Padre y parte de la Trinidad, ha decidido someterse a la voluntad y a los propósitos de Su Padre. Igual que no fue egoísta en su servidumbre a Dios el Padre, nosotros también debemos imitar Su modelo de amor y Su modelo de sumisión. Tanto Su amor como Su sumisión le llevaron a la cruz. Luego Dios le vindicó mediante la resurrección.

La sumisión en el matrimonio se observa desde tres niveles:

1. Tanto el esposo como la esposa están sometidos al señorío de Jesucristo (Romanos 12:1).

2. Se someten mutuamente "en el temor

de Dios" (Efesios 5:21).

3. La sumisión voluntaria de la mujer a su marido que le ama (Efesios 5:22-24).

En otras palabras, somos hermanos y hermanas en Cristo antes de ser esposos y esposas. Así pues, nuestro matrimonio siempre forma parte de algo más grande—Cristo y Su relación con la iglesia.

Las responsabilidades del que tiene la autoridad son amor de sacrificio, cuidado, preocupación, provisión y dirección—siempre en obediencia a Dios mismo. Las responsabilidades de la que se somete son ser alegre y estar dispuesta a hacer la voluntad de Dios—siempre confiando en Dios para trabajar en y mediante la autoridad designada. Los límites a la sumisión son siempre obedecer a Dios antes o a pesar de los que tienen autoridad sobre nosotros. Dios siempre debe ser nuestra primera prioridad.

Sobre todo, el marido debe ser un siervo. Tristemente, muchos maridos cristianos deciden definir su papel como el ser "superior" por el engaño de Satanás y su propio punto de vista egoísta. Recuerde, Cristo no mostró un amor ni egoísta ni arrogante (Lucas 22:26-27). Él no era orgulloso.

Jesús sigue modelando el servicio humilde. El que murió por la Iglesia ahora ora por ella y provee por su futuro. La anima en su sumisión a la voluntad de Su Padre, pero nunca se señorea de la Iglesia. Cristo, que es el Señor, no admite ninguna forma del señoreo. Nos enseña que los líderes deben ser siervos.

¿CÓMO FUNCIONAN LOS PAPELES DEL AMOR Y LA SUMISIÓN EN EL MATRIMONIO?

Si amarse incondicionalmente es su práctica diaria, la sumisión solo tendrá que aplicarse en ocasiones dispárates. Una ayuda es la comunicación, especialmente cuando se trata de decisiones grandes. Lo vamos a repetir para darle más énfasis: *comuniquen en todas las grandes decisiones.*

Hay temas de acuerdo mútuo que son de menor importancia. Esta categoría incluye gustos para comida, música, arte, los medios, estilos de pasar tiempo con Dios, dormir y levantarse, etc. La categoría de temas más importantes incluye elegir una iglesia, tener hijos, cuántos hijos, cambiar de profesión, mudarse de ciudad, comprar cosas costosas, hacer inversiones financieras, pagar facturas y, desde luego, temas íntimos.

La sumisión bíblica entra en juego cuando un tema importante no puede acordarse mutuamente o cuando la crisis hace que se tenga que decidir algo rápidamente. Por ejemplo, la compañía del esposo quiere cambiarle de ciudad con más salario pero la esposa no quiere mudarse. Si la mujer quiere empezar una familia pero el marido no. ¿Qué se hace en este tipo de situaciones?

Primero se hacen preguntas en oracion:
- ¿Los dos estamos dispuestos a confiar en Dios para hablar y obrar en nuestra pareja?
- ¿Hemos hablado lo suficiente del tema para conocer todos los factores involucrados?
- ¿Realmente es un tema de sumisión?
- ¿Tenemos demasiada involucración emocional para ver claramente el tema a tratar?
- ¿Pueden haver otros temas irresueltos que oscurezcan esta decisión—sentimientos heridos, negligencia personal, una raíz de amargura, una falta de perdón, abuso en el pasado al hacer decisiones, etc.?
- ¿Nos comprometemos a glorificarle a Dios?
- ¿Nos comprometemos a seguir prioridades divinos?
- ¿Nos comprometemos al servidumbre como Cristo?
- ¿Hay algo en la Palabra de Dios que no hayamos cumplido?
- ¿Hemos buscado consejo de personas devotas?
- ¿Hemos pasado suficiente tiempo en oración y/ o ayunas?
- ¿Les hemos pedido a amigos o familiares que oren para esta decisión?
- Como esposo, ¿he tomado en cuenta mi esposa, mis hijos—sus sentimientos y dirección en este tema? ¿Los estoy queriendo correctamente para que ellos oren adecuadamente y para que mi mujer se sienta libre de confiar en Dios para mi decisión?
- Como mujer, ¿estoy dispuesta a confiar que el Señor me tiene a mi y a nuestra familia en sus manos? ¿Estoy dispuesta a confiar y depender del juicio de mi marido cuando mis sentimientos no son los mismos que los suyos?

Cuando estas preguntas se hacen y se responden y se acerca la fecha límite de la decisión sin haber llegado a un acuerdo, entonces entran en juego los temas de amor y sumisión. Bajo el liderazgo amoroso del marido, la mujer se somete a él alegremente y finalmente a Cristo para que ambos puedan ver cómo Dios obra en be-neficio de los dos. Esto no es una ocurrencia normal para el marido y la mujer, pero Dios suele probar las parejas en su disposición o a guiar en amor o a someterse voluntariamente.

LOS ESPOSOS Y LAS ESPOSAS DEBEN COMPROMETERSE A LA PERSPECTIVA DE DIOS EN FE.

Dios no creó el amor y la sumisión como límites, sino como principios para una relación y unión sana—un retorno al Jardín. Además, el amor y la sumisión encontrado en la Biblia llevan a la glorificación final de Jesucristo: la consecución de los propósitos de Dios en el universo.

La elección es suya. ¿Se va a comprometer a la perspectiva de Dios de amor y sumisión, o va a seguir la mentira que comenzó Satanás en el Jardín?

LA UNIÓN... NUESTRA PARTE

Actuar en fe

Las pruebas matrimoniales
(Sexta semana)

El romance y
la realización sexual
(Séptima semana)

La comunicación y
la resolución de conflictos
(Octava semana)

SEXTA SEMANA:

PRUEBAS

Matrimoniales

VERSÍCULO DE MEMORIZACIÓN

Hermanos míos, tened por sumo gozo cuando os halléis en diversas pruebas, sabiendo que la prueba de vuestra fe produce paciencia. Mas tenga la paciencia su obra completa, para que seáis perfectos y cabales, sin que os falte cosa alguna.

(Santiago 1:2-4)

EL VIAJE POR LAS PRUEBAS MATRIMONIALES

Era el 13 de abril, 1970. Unos 3.000 millas de la tierra, una luz roja empezó a pitar. Tres hombres se dieron cuenta de que esto no era un falso alarma en la consola del Apollo 13. De repente, "peligroso" era la palabra menos adecuada para describir aquello. No podían simplemente dar la vuelta y volver a casa. La silla propulsora para la salida tampoco era una opción. El Capitán Jim Lovell pronunció esas palabras tan famosas, "Houston, tenemos un problema."

Todo viaje se encuentra con problemas, desde el tipo de problemas mundanas hasta las experiencias que cambian vidas. Se pueden notar cuando uno embarca en el viaje de ocho horas hacia la casa de la abuela y justo al salir de la calle de su casa, el niño pregunta, "¿Ya hemos llegado?"

Se notan cuando se hace senderismo en las montañas y las nubes negras desmienten la previsión de tiempo de playa.

Se notan cuando alguien deja una carta en su mesa del trabajo que pone "aminoración de la compañía."

En estas situaciones, uno siempre puede dar la vuelta en el coche o caminar hacia cubierta. Pero en el matrimonio, al encontrarnos frente a problemas, somos como los astronautas del Apollo 13, no podemos simplemente dar la vuelta. No hay silla expulsora.

"Dios, tenemos un problema."

Durante las últimas cinco semanas hemos emprendido un viaje hacia la intimidad. Hemos aceptado los principios de Dios para la unión en fe. Es una cosa aceptar los principios de Dios, y otra totalmente actuar sobre ellos. La verdadera prueba de la unión llega cuando nos encontramos con luchas en el matrimonio. Nuestra primera tentación será tirar los principios por la ventana y correr hacia lo más cómodo—la culpa, el enfado, la apatía, tratar a nuestra pareja como el problema, esto es, la actuación.

En las próximas tres semanas vamos a examinar tres áreas en las que luchan todos los matrimonios: las pruebas matrimoniales, la expresión sexual y la comunicación. La manera de la que aplicamos los principios de Dios para la unión determinará si esas luchas nos llevan a mayor intimidad o al deseo de pulsar el botón de salida.

UNA VISTA RÁPIDA POR DELANTE

Imagine ir en velero con su pareja por el Caribe (¡recuerde que los mareos no existen en sueños!). Hay gaviotas volando en el cielo azul, el agua es tan claro como el vidrio, y una ligera brisa llena las velas. De repente nubes negras vienen acercándose a toda velocidad, el agua cristalina se rompe en olas de dos metros y el viento hace agujeros en sus velas. Y como si el mal tiempo no fuera suficiente, ¡usted y su pareja se pelean, echándose la culpa por la tormenta!

¿Parece de tontos? Se pensaría que discutir sería la manera menos productiva de combatir la tormenta. Aún así, cuando las tormentas de la infertilidad, la deuda, los adolescentes rebeldes, el paro, los suegros, etc. abofetean el hogar la mayoría de las parejas responden atacándose entre sí en lugar de pasar la tormenta unidos.

Los pescadores esperan tormentas. No es si vayan a ocurrir, sino cuándo. Debemos esperar enfrentarnos a pruebas en el matrimonio. En lugar de dividirnos, las tormentas deben unirnos contra la lucha.

- ¿Qué tal se le da tratar las tormentas de su matrimonio?
- ¿Le echa la culpa rápidamente a su pareja por las pruebas o se une a ella?
- ¿Es posible que las pruebas nos lleven a un mayor nivel de intimidad?

Esta semana aprenderemos a identificar pruebas y a prepararnos para sentir su impacto en nuestros matrimonios. Luego examinaremos cómo Dios utiliza las tormentas de la vida para fortalecer nuestros matrimonios y para movernos hacia la unión.

CAMINAR DIARIO, DÍA UNO

Asegúrese de leer las notas de estudio de la semana pasada antes de hacer esta sección. **Repaso:**

1. Explique cómo Satanás ha distorsionado las intenciones de Dios para el amor y la sumisión en el matrimonio. ¿Ha habido estrés en su matrimonio por estas distorsiones?

___

___

___

___

2. ¿Cómo se difiere la perspectiva del mundo sobre los papeles de la perspectiva de Dios? ¿Hay tensión en su matrimonio por esto? ¿Por qué o por qué no?

___

3. ¿Qué compromisos ha puesto en su matrimonio para ayudarle a amar su esposa o someterse a su esposo?

___

4. Define cómo funcionan el amor y la sumisión al hacer una decisión importante.

___

⇥ *Pasos de fe* ⇤

Recuerde, estos ejercicios no son tema de conversación en la clase.

Primera parte (personal)

Como aprendimos la semana pasada, no podemos mover nuestro matrimonio de la actuación hasta la fe sin aceptar el orden de Dios para la unión matrimonial. Los maridos deben amar sus mujeres como Cristo amó a la Iglesia. Las mujeres deben someterse a sus maridos. Vamos a recomprometernos a este orden mediante la oración personal y las promesas mutuas.

Aparte hoy el tiempo para orar ppor cómo exhibir las cualidades del amor y la sumisión en su matrimonio.

1. Comience por confesar fracasos en las siguientes áreas:
   - Cualquier duda, por sútil que fuera, sobre la justicia de Dios en el amor y la sumisión.
   - Cualquier daño que le haya ocasionado en su pareja por su fracaso de amar o someter en el pasado.
   - Cualquier rebelión voluntaria que haya demostrado en su amor o sumisión para su pareja por culpa del orgullo.

2. Comprométase a creerle a Dios en los siguientes temas:
   - El amor y la sumisión son el orden creativo de Dios para la unión en las relaciones.
   - El amor y la sumisión no tienen nada que ver con las ventajas ni la desigualdad.
   - Satanás es nuestro enemigo y nos engaña para que veamos a nuestra pareja como limitación para nuestra realización personal.
   - Debemos confiarnos a Dios y Sus promesas. Luego con humildad, debemos amar y someternos completamente a nuestra pareja.

Segunda parte (como pareja)

1. Es vital que comuniquemos nuestro compromiso de amar y someternos a nuestra pareja en cuanto al amor y la sumisión. Complete creativamente las respuestas a las siguientes declaraciones:

En el pasado he luchado a veces con el mandamiento de Dios de amar o someterme porque...

_____
_____
_____

Me gustaría pedirte perdón por....

_____
_____
_____

En el futuro, te voy a demostrar mi amor o sumisión mediante...

_____
_____
_____

2. Saque su pareja de casa para una cita el día antes de la siguiente reunión en grupo. Verbalicen sus compromisos al leer las respuestas en voz alta y con cariño. Hagan un pacto juntos con el Señor en cuanto a sus nuevos compromisos mutuos.

 # Caminar diario, Día dos

Mientras mejor se le de anticipar las pruebas, más crecimiento sentirá en su fe.

Durante las últimas cinco semanas, hemos aprendido principios que, al aplicarse en fe, producen una *relación basada en la fe*. Ahora vamos a aprender a usar unas herramientas prácticas para hacerse uno—empezando por las pruebas.

Cuando lleguen las pruebas, nuestra primera tentación es abandonar los principios de fe y volver a lo que es familiar, cómodo y fácil—la *actuación*. Vemos la culpa y no nos acordamos de bendecir, nos quedamos haciendo pucheros en lugar de orar y atacamos en lugar de amar.

Así que antes de ver las pruebas comunes a todo matrimonio, necesitamos asegurarnos de que los principios de fe para la unión estén escritos en nuestros corazones y mentes.

1. De las semanas 1-5, haga una lista a continuación de los cinco principios de fe para la unión.

_____
_____
_____
_____
_____
_____
_____

2. ¿Cuál(es) le ayudarán grandemente en su matrimonio si se aplican ahora? ¿Por qué?

_____
_____
_____
_____

3. ¿Cómo definiría usted la diferencia entre un matrimonio basado en la actuación y uno basado en la fe?

_____
_____

3 CAMINAR DIARIO, DÍA TRES

A menudo, cuando las parejas cristianas buscan consejo matrimonial, el consejero aprende rápidamente que realmente no tienen problemas. Al contrario, la pareja está experimentando una prueba de la vida de mucha dificultad. Ya que no han reconocido la prueba ni ha respondido correctamente, la pareja ha trasferido el dolor de la prueba a su matrimonio.

Las pruebas son inevitables en la vida y el matrimonio cristiano. Vamos a definir las pruebas y lo que podemos esperar de ellos.

1. Busque la palabra "prueba" en el diccionario y apunte la definición a continuación.

_____
_____
_____

Antes de empezar el próximo viaje diario, léase el capítulo 16 en su libro acompañante, Dos haciéndose uno, por Don y Sally Meredith.

2. Lea 1ª Pedro 4:12 a continuación:

Queridos hermanos, no os extrañéis de veros sometidos al fuego de la prueba, somo si fuera algo extraordinario.

¿Qué impacto tiene este versículo en su modo de ver las pruebas en el matrimonio?

_____

_____

_____

3. Busque 1ª Pedro 4:12-19, y anote sus observaciones de cómo debemos responder ante las pruebas.

_____

_____

_____

4. ¿Están pasando por una prueba ahora mismo? Si es así, explíquelo.

_____

_____

_____

_____

Las pruebas no sólo desarrollan la paciencia, sino también la madurez. La frase "sin que os falte cosa alguna" significa equipado con todo tipo de recursos. La paciencia, la madurez plena y el estar equipado con todo tipo de recursos — ¡vaya promesa!

 # Caminar diario, Día cuatro

Ahora que le hemos puesto definición a las pruebas y como sabemos que van a ser una parte de nuestro matrimonio, vamos a examinar los propósitos de Dios para las pruebas y como espera que respondemos ante ellas.

1. Lea el siguiente pasaje:

Bienaventurado el varón que soporta la tentación; porque cuando haya resistido la prueba, recibirá la corona de vida, que Dios ha prometido a los que le aman. (SANTIAGO 1:12)

¿Cuál es la recompensa para los que hayan sufrido durante una prueba?

_____

_____

2. Estudie los siguientes versículos que describen las pruebas de la vida y resume en la columna derecha cuáles deben ser nuestras respuestas ante estas pruebas.

RESPONDER ANTE LAS PRUEBAS

VERSÍCULOS DE LAS PRUEBAS DE LA VIDA	NUESTRA RESPUESTA A LAS PRUEBAS
SANTIAGO 1:2-4 *La prueba de vuestra fe produce paciencia.*	
HEBREOS 12:2-3 *Puestos los ojos en Jesús...el cual...sufrió la cruz.*	
2ª CORINTIOS 4:7-10 *No angustiados...no desesperados... no desamparados... no destruidos*	
2ª CORINTIOS 4:16-18 *Por tanto no desmayamos.*	
SALMO 119:71-72 *Bueno me es haber sido humillado.*	
SALMO 119:75-76 *conforme a tu fidelidad me afligiste.*	
2ª CORINTIOS 1:4-5 *[Dios] nos consuela en todas nuestras tribulaciones, para que podamos...consolar a los que están en cualquier tribulación.*	

3. Lea 2ª Corintios 12:7-10. Mientras que las pruebas siempre llegan a su final, una "espina en la carne" puede que no desaparezca nunca. Según Pablo, ¿cuál fue el propósito de su espina?

4. ¿Ha percibido una "espina" en su vida? Si es así, explique como afecta su matrimonio.

_____
_____
_____

5️⃣ CAMINAR DIARIO, DÍA CINCO

Al pasar por las pruebas, a menudo experimentamos varios síntomas de la presión o estrés incluídos en la prueba. Muchos de estos síntomas se observan en la vida de Job en las Escrituras. Conocer los síntomas nos ayuda a reconocer cuando nos enfrentamos a una prueba.

1. Lea cada uno de los versículos del libro de Job e identifique el síntoma o los síntomas mencionados. Utilice sus propias palabras para describir los síntomas. Hemos completado los primeros dos como ejemplos.

SÍNTOMAS QUE SURGEN DE LAS PRUEBAS

VERSÍCULO BÍBLICO	SÍNTOMA
Job 3:24	*suspiros, pérdida de apetito, quejarse*
Job 3:26	*estar inquieto, ansioso, falta de sueño*
Job 4:5	_____
Job 6:26	_____
Job 7:4	_____
Job 7:11	_____
Job 7:20	_____
Job 16:16	_____
Job 17:7	_____
Job 23:3-4	_____
Job 30:16	_____

2. ¿Ha experimentado alguno de estos síntomas durante una "prueba"? Si es así, ¿cuáles?

_____
_____
_____

3. Lea y resume la actitud de Job frente a las pruebas a continuación.

   Job 1:20
   _____

   Job 2:10
   _____

   Job 5:18
   _____

   Job 13:15
   _____

4. La Biblia contiene muchos personajes que perseveraron en las pruebas (para una lista, léase el capítulo 11 de Hebreos). Elija uno o dos de sus personaje bíblicos favoritos y anote los tipos de pruebas por las que pasaron. ¿Qué tal pasaron la prueba? ¿Cómo podrían haber respondido mejor?

_____
_____
_____
_____

→ *Aplique el principio* ←

Las pruebas vienen de muchos colores y tamaños. Ya sean económicos, fisicos o problemas con ser padres, se puede comprometer la intimidad en el matrimonio dependiendo de cómo pasamos la prueba. Nos moveremos para atrás hacia la actuación si le culpamos a nuestra pareja o si esperamos que nuestra pareja lo solucione todo. Nos moveremos adelante hacia la fe si vemos la prueba como una oportunidad para el crecimiento y mayor intimidad.

1. ¿Cuáles han sido algunas de las pruebas más difíciles por las que ha pasado?
_____
_____

2. ¿Esas pruebas le apartaron de su pareja? Si es así, ¿cómo? O por el contrario, ¿cómo fortalecieron la relación?
_____
_____

3. Mirando hacia atrás, ¿qué lecciones espirituales ha aprendido de esas pruebas?
_____
_____

UN BREVE REPASO

¿Espera tener pruebas en su matrimonio? O lo que es más importante, ¿los pasa con *fe* o con la *actuación*? Dios ha declarado que todos vamos a experimentar pruebas. Si los vemos como oportunidades para el crecimiento, Dios llevará nuestros matrimonios a niveles más profundos de intimidad.

ORACIÓN HACIÉNDOSE UNO
Padre Celestial, te confiesos que he resentido y temido las pruebas en el pasado. A menudo me he negado a reconocer que vienen de Ti porque les culpaba a los que me rodeaban. Por favor, perdóneme pro mi falta de creencia. En el futuro me comprometo a examinar todo acontecimiento, circunstancia o acción dolorosa como si fuera una prueba. Me comprometo a unirme a mi pareja para ver la prueba desde Tu perspectiva. Dame la fuerza de perseverar en las pruebas. Dame alegría al pensar en madurarme y realizarme más debido a la prueba. Gracias por permitir que comparta el sufrimiento de Cristo, y finalmente, Su exaltación. Permita que mi fe consuela a mis hijos y a mi familia. Haz que mi mente sea renovada con Tu Palabra durante mis pruebas. Gracias por Tu fidelidad. En el nombre de Jesús, Amén

PENSAMIENTOS PARA EL CAMINO

Complete las secciones Caminar diario de la sexta semana y la charla del grupo antes de leer estas notas.

PRUEBAS: LA HERRAMIENTA DE DIOS PARA EL CRECIMIENTO MATRIMONIAL

Cuando llegan las tormentas de la vida a su matrimonio, ¿se culpan usted y su pareja entre sí, o trabajan juntos para buscar una solución?

Todo viaje encuentra problemas y pocos viajes se encuentran con tantos como el matrimonio. Las pruebas como perder el trabajo, la muerte de un familiar, y ser padre pueden costarle a su matrimonio. No obstante, dependiendo de su respuesta, las pruebas les pueden unir como pareja o separarles aún más.

Las parejas casadas a veces buscan terapia por el dolor y estrés causado durante las pruebas. Muchas veces ponen la culpa del dolor de la prueba en su relación y concluyen equivocadamente, "Tenemos un problema matrimonial."

Nada derrota más la unión matrimonial que el fracaso al reconocer la prueba y apoyarle a su pareja durante la prueba.

En la Biblia, aprendemos que el modo en el que responde uno ante las pruebas puede determinar el éxito que tendrá en la vida y el matrimonio.

ESPERE QUE LAS PRUEBAS SEAN UNA PARTE NORMAL DE SU MATRIMONIO.

Debemos aprender a anticipar y reconocer las pruebas.

Como cristianos, a menudo equiparamos las pruebas al fracaso y, por tanto, intentamos evitarlas. Pero Dios tiene una perspectiva totalmente distinta de las pruebas. Para Dios, las pruebas son una bendición que traen consigo crecimiento y madurez. Obviamente, la perspectiva de Dios está totalmente opuesta a nuestro punto de vista humano natural y limitado.

Las pruebas se definen como periodos de adversidad.

El diccionario define las pruebas como "examen, situación triste o difícil" y da los sinónimos "sufrimiento, adversidad." Según Santiago 1:2, hemos de esperar "diversas pruebas." Las pruebas son tiempos de adversidad, varían en naturaleza y suelen llegar cuando menos las esperamos.

Todo matrimonio cristiano va a encontrar pruebas.

Cuando habla de las pruebas de la vida, Pedro dijo, "Queridos hermanos, no os extrañéis de veros sometidos al fuego de la prueba, como si fuera algo extraordinario" (1ª Pedro 4:12). ¿Por qué siempre nos sorprendemos o nos encontramos con la guardia bajada ante las pruebas? Decimos, "¿Por qué yo? Por qué ahora?" ¡Pedro dice que los cristianos deben esperar pruebas! Y en cuanto a las parejas cristianas, tal adversidad provee otra oportunidad para experimentar unión en el matrimonio.

Dios nos mueve hacia más intimidad—tanto con Él como entre nosotros. Él sabe que las pruebas suelen ser el método que mayor bien produce.

Recuerde que Dios nos está conformando a la imagen de Jesucristo, y las pruebas desarrollan dependencia de Él además de fortalecer nuestra fe en Él. Las pruebas tienen una potencial de cambiar los maridos y las mujeres para mejor. A veces Dios utiliza pruebas como método de disciplina para sus hijos (véase Hebreos 12:4-11).

Nuestros antepasados cristianos se enfrentaron a pruebas.

Es imposible que los cristianos se asemejen a Cristo sin pasar por pruebas, "Para esto os ha llamado Dios, ya que Cristo sufrió por vosotros dándoos un ejemplo para que sigáis sus pasos" (1ª Pedro 2:21). Tal como Cristo no hubiera podido conseguir Su meta sin las pruebas y el sufrimiento, nosotros tampoco podremos conseguir nuestra meta.

Historicamente, esto siempre ha sido verdad. Considere esta breve lista de personajes bíblicos y las pruebas que sufrieron.

- Abraham y Sara: Infertilidad, mudarse, pérdida de cultura y familia y la prueba de sacrificar su hijo.
- José: Muerte de su madre, una familia disfuncional, dolor y rechazo por parte de sus hermanos, imprisionado injustamente, pérdida de familia y de su propia cultura.
- Moisés: Pérdida de su cultura, asesinato, un estilo de vida nomádica, trabajar con un pueblo rebelde y experimentar un sueño que nunca se cumplió por no poder ver la Tierra Prometida.
- Job: Pérdida de sus hijos y posesiones materiales, problemas de salud y pérdida del respeto de su mujer.
- David: Adulterio con Betsabé que culminó en un embaraxo, la pérdida de un hijo, asesinato e hijos rebeldes.
- María y José: Embarazo crítico y burlas, cotilleos, mudarse y la muerte de su primogénito, Jesús.
- Pablo: Perseguido, naufragado, imprisionado y una espina en su carne.

LAS PAREJAS DEBEN ESPERAR QUE LAS PRUEBAS LES AYUDEN, A PESAR DEL SUFRIMIENTO MOMENTÁNEO.

Nuestro enfoque debe fijarse en los beneficios y bendiciones de las promesas de Dios, no en el aspecto del sufrimiento durante la prueba.

Las pruebas ayudan las parejas a madurar, desarrollando su dependencia de Dios.

Santiago comprendía bien este proceso de maduración. Dice, "sabiendo que la prueba de vuestra fe produce paciencia. Mas tenga la paciencia su obra completa, para que seáis perfectos y cabales, sin que os falte cosa alguna" (Santiago 1:3-4).

Considere esto: La misma prueba que usted más odia puede ser la herramienta necesaria que Dios utiliza para perfeccionar las peores debilidades de usted o de su pareja. De hecho, las circunstancias pueden parecerle una

"Puestos los ojos en Jesús, el autor y consumador de la fe, el cual por el gozo puesto delante de él sufrió la cruz, menospreciando el oprobio, y se sentó a la diestra del trono de Dios. Considerad a aquel que sufrió tal contradicción de pecadores contra sí mismo, para que vuestro ánimo no se canse hasta desmayar." (Hebreos 12:2-3)

prueba debido a sus debilidades. Dios le está moviendo hacia la madurez.

Cristo se enfocó no en el dolor horrible de la cruz, sino en la alegría de la salvación que nos dura para toda la eternidad. Así pues, pudo perseverar en Su sufrimiento momentáneo. Nosotros también debemos enfocarnos en la alegría de la madurez y el cambio espiritual positivo. Las pruebas hacen que fijemos nuestra mirada en Cristo, y así vencemos nuestra inclinación pecaminosa humana de depender de nosotros mismos.

Las pruebas les enseñan a las parejas que el sufrimiento momentáneo lleva a la bendición a largo plazo.

Mediante las Escrituras, Dios nos comunica contínuamente la promesa de la bendición para los cristianos que perduren las pruebas. La fuerza de soportar estas pruebas nos llega al memorizar y meditar en las promesas de las Escrituras (por ejemplo: 2ª Corintios 4:17; Santiago 1:12). Podemos usar estas Escrituras en oraciones para Él y darnos cuenta de que "esta prueba también pasará" y que Dios la va a utilizar para enseñarnos lecciones esenciales en la vida.

Las pruebas ayudan a las parejas a confiar en el carácter y los mandamientos de Dios.

Cuando las parejas confían en la perspectiva de Dios en cuanto a las pruebas y fijan su mirada en Él, comienzan a verle a Dios con más claridad. La fidelidad y la Palabra de Dios acogen un nuevo significado. El libro de Salmos nos anima: "Señor, yo sé que tus decretos son justos y que tienes razón cuando me aflijes. ¡Que tu amor me sirva de consuelo, conforme a la promesa que me hiciste!" (Salmos 119:75-76; véase también versículos 67 y 71).

Mediante las pruebas, Dios puede demostrarse a nosotros. Su Palabra se hace realidad. Su fidelidad se convierte en nuestra esperanza. Su amor infalible nos sirve de consuelo.

Las pruebas les enseñan a las parejas que el verdadero poder viene solamente de Dios.

Hoy en día, nuestra cultura nos enseña que el poder está dentro de cada persona. Con refuerzos positivo o un "ajuste de actitud," el mundo nos enseña que podemos hacer lo imposible. Pero las Escrituras nos enseñan que las pruebas deben llevarnos a Su poder, no al nuestro: "como en vasijas de barro, para mostrar que ese poder tan grande viene de Dios y no de nosotros" (2ª Corintios 4:7). Las pruebas demuestran nuestra necesidad profunda de depender del poder de Dios. Nos permiten experimentar la fidelidad de Dios y los grandes recursos que provee.

Las pruebas les enseñan a las parejas a no exaltarse.

El orgullo y el egocentrismo son los grandes enemigos de la unión en el matrimonio. Dios utiliza las pruebas en nuestras vidas para reguardir estas debilidades naturales de nuestro carácter.

Lea la historia de la vida de Pablo, en la que Dios utilizó una lucha para humillarle (2ª Corintios 12:6-9). Pablo exaltó el poder de Cristo en lugar del suyo propio. Mientras más nos fiamos de nosotros mismos, más lucharemos con el orgullo y el egocentrismo. Del mismo modo, Dios utilizó las pruebas para humillar la nación de Israel (Deuteronomio 8:2).

La humildad libera el poder de Dios para sostenernos durante nuestras pruebas. Muchas veces introduce una prueba en nuestras vidas para asegurar de que fiamos de Él para cumplir nuestras necesidades, en lugar de depender de nosotros mismos.

Las pruebas les enseñan a las parejas a tener compasión entre sí y hacia los demás.

Durante pruebas dolorosas como la infertilidad, la pérdida del trabajo y la muerte de un familiar, los cristianos pueden encontrar particular consuelo en la relación matrimonial. Así obra Dios mediante las pruebas para estimular el apoyo de amor del uno al otro, terminando en un matrimonio más fuerte (2ª Corintios 1:4-5).

A medida que usted y su pareja sufren las pruebas, cada uno verá la importancia de darle consuelo al otro. Con el tiempo, su compasión mutua crecerá.

LA UNIÓN MATRIMONIAL DEPENDE DE QUE LAS PAREJAS RECONOZCAN RÁPIDAMENTE LAS PRUEBAS Y DE QUE RESPONDEN CORRECTAMENTE.

Tres fracasos al pasar las pruebas han acosado los matrimonios con los años:
1. El fracaso en anticipar y reconocer las pruebas.
2. El fracaso en comprender el propósito de las pruebas.
3. El fracaso en apoyarse durante las pruebas difíciles.

Las parejas deben ser rápidas a reconocer las pruebas.

1. La primera prioridad al reconocer las pruebas es identificar sus síntomas.

Las pruebas producen una variedad de síntomas que actúan como señales de aviso de dificultades. El libro de Job provee una lista excelente de síntomas con la que podría identificarse. Si la causa no es fácilmente aparente, estaría bien buscar el consejo de otra persona.

2. Algunas pruebas se dan solamente en los matrimonios.

Las pruebas vienen en muchas formas y tienen muchos orígenes. La pareja joven y sin experiencia se sorprenderá por la gran variedad de pruebas con las que se van a enfrentar.

Al identificar una prueba en su vida, considere las pruebas comunes demostradas en la tabla, "Pruebas matrimoniales típicas." Si cree que reconoce una prueba con la que se enfrenta, háblelo con su pareja. Luego juntos, desarrollen una estrategia para unirse ante la prueba.

3. Las parejas deben darse cuenta de la importancia de estar de acuerdo en cuanto a sus pruebas.

El beneficio principal de reconocer las pruebas con rapidez es ser capaz de apoyarse en vez de culparse entre si o a su matrimonio. El desacuerdo en cuanto a la prueba puede culminar en una

Pruebas matrimoniales típicas

EL MATRIMONIO
Pérdida de compromiso
Conflicto sexual
Adulterio
Comunicación pobre
Conflictos con los suegros
Abuso (físico/espiritual)
Rechazo de la pareja—
   del cuerpo, la
   personalidad,
   intelectual, espiritual,
   vocacional, como
   padre o temas de salud
Padres mayores
Problemas con la ex-pareja

LOS HIJOS
Embarazo
Muerte de un hijo
Problemas de disciplina
Problemas académicas
Incapacidades de aprendizaje
Problemas de imagen
Dos o más hijos menores de
   seis años
Hijastros
Salir de casa
Salud/incapacidad
Falta de apoyo en la pareja
Adolescentes/pubertad

LA SALUD
Enfermedad
Accidente
Dieta
Peso
Ejercicio
Histerectomia
Espalda
Corazón
Cáncer
Úlceras
Problemas sexuales
Infertilidad

LA ECONOMÍA
Deuda
Pérdida de propiedad
Hipoteca
Bancarrota
Impuestos
Presupuesto
Ahorros
Ofrendar
Gastos
Irresponsabilidad de la pareja

EN GENERAL
Muerte de un familiar
Muerte de un amigo
Alcoholismo
Abuso de drogas
Jubilación
Educación
Problemas legales
Vacaciones
Tiempo libre

PERSONAL
Amigo(a)
Trabajo
Horario
Prioridades

LA VOCACIÓN
Reajuste
Cambio de trabajo
Pérdida el trabajo
Pérdida del interés
Conflictos
Traslado

EL CAMBIO
Económico
Residencial
Colegio
Iglesia
Falta de socialización
Hábitos de sueño
Imagen personal

---

falta de apoyo entre sí, haciendo imposible la unión. Sin la unión, el dolor de la prueba aumentará.

Es importante no desestimar el poder de orar juntos ante las preubas, ya que la oración suele llevar a la unión y a un acuerdo en su estrategia para pasar la prueba (véase la promesa de Dios en cuanto a la oración y las pruebas en Santiago 1:5-8).

Una vez identificada, las parejas deben responder a la prueba con la perspectiva de Dios.
1. Determine si usted ha hecho algo para traer la prueba a su vida, o si Dios permitió que entrara.

Si determina que es culpa suya por el pecado, el comportamiento irresponsable o una mala decisión, confiéseselo a Dios. Tras su confesión, tome los pasos apropiados para resolverlo. Asegúrese de buscar el perdón de los demás cuando sea necesario. Si necesita consejos, busque un terapeuta bíblico que le ayude. Mientras antes confiese su pecado, antes acabarán las consecuencias de su pecado. Tratar con el pecado y fracaso personal controla rápidamente las consecuencias negativas (véase Santiago 1:13-20).

Si no ha hecho nada para merecer una prueba, suponga que Dios la permitió de Su mano de amor para el beneficio de usted y para Su gloria. Empiece a aplicar las perspectivas enseñadas en las Escrituras en cuanto a las pruebas. Al aplicar estas perspectivas, comience a darle las gracias al Señor por la prueba. Será bendecido por su fe.

Repase los restantes posibles orígenes de las pruebas: (1) Otras personas—El mundo en el que vivimos puede ser una fuente de pruebas; a veces estas pruebas sobrepasan nuestro control, y otras veces son inevitables; (2) Satanás—Satanás y sus fuerzas pueden causar pruebas en nuestras vidas (por ejemplo, Job 1:6-12); aunque las Escrituras nos aseguran que tenemos el poder final sobre Satanás y (3) Dios—puede permitir una prueba en nuestras vidas para probar y refinar nuestra fe en Él.

No importa el orígen de la prueba, la solución de Dios siempre es la misma. Debemos confiar en la fidelidad y soberanía de Dios sobre nuestras vidas.

2. Determine responder en fe ante la prueba.

Cuando la fuerza total de la prueba nos golpea, solemos desanimarnos y culpar a los demás, incluso a Dios, o puede que respondemos con la perspectiva de Dios. Nuestro instinto natural es de perder la esperanza o echar la culpa. Pero si renovamos nuestras mentes con las Escrituras, tenemos la elección de responder en fe, eligiendo controlar nuestro instinto humano.

CUATRO PASOS PARA TRATAR DE LAS PRUEBAS

Primer paso: Siempre que haya tensión prolongada en el matrimonio, la pareja debe evaluar si ha empezado una nueva prueba.

Segundo paso: Comprométanse al Señor al buscar Su perspectiva para la prueba. Recuerde que la perspectiva divina incluye lo siguiente:
- Dios sabe lo que hace en nuestras vidas. Es soberano y sabio.
- Dios sabe que las pruebas son buenas para nosotros, llevándonos hacia la madurez y hacia un caminar más serio con Cristo.
- La prueba por la que nos lleba Dios puede, de hecho, salvar o preservar nuestras vidas y matrimonios.
- Dios ve nuestra prueba como una bendición, no una maldición.
- Dios nos lleva por las pruebas para que podamos comprenderle mejor a Él, a nosotros mismos y a los demás.

Tercer paso: Evalúe sus acciones y las lecciones que Dios le quiere dar. Busque perdón y restitución si son necesarios.

Cuarto paso: Desarrolle una estrategia creativa para apoyarse al pasar por la prueba. Si se puede evitar la prueba, tome acción correctiva. Comprométase ante el Señor para pasar por la prueba en fe.

Una vez que pase la prueba, examine qué tal se les dió a usted y su pareja. Conversen de cómo hacerlo mejor para la próxima. Este análisis le ayudará a prepararse para la siguiente prueba.

Las pruebas no suelen ser agradables, pero la angustia acompañante puede mitigarse al saber que Dios las utiliza para perfeccionarle. A toda costa, no permita que las pruebas le separen a usted y su pareja. Si la prueba persigue o si el dolor se hace inaguantable, busque la sabiduría de un terapeuta Cristiano o un lider de la iglesia. Jesús dice, "Venid a mí todos los que estáis trabajados y cargados, y yo os haré descansar." (Mateo 11:28).

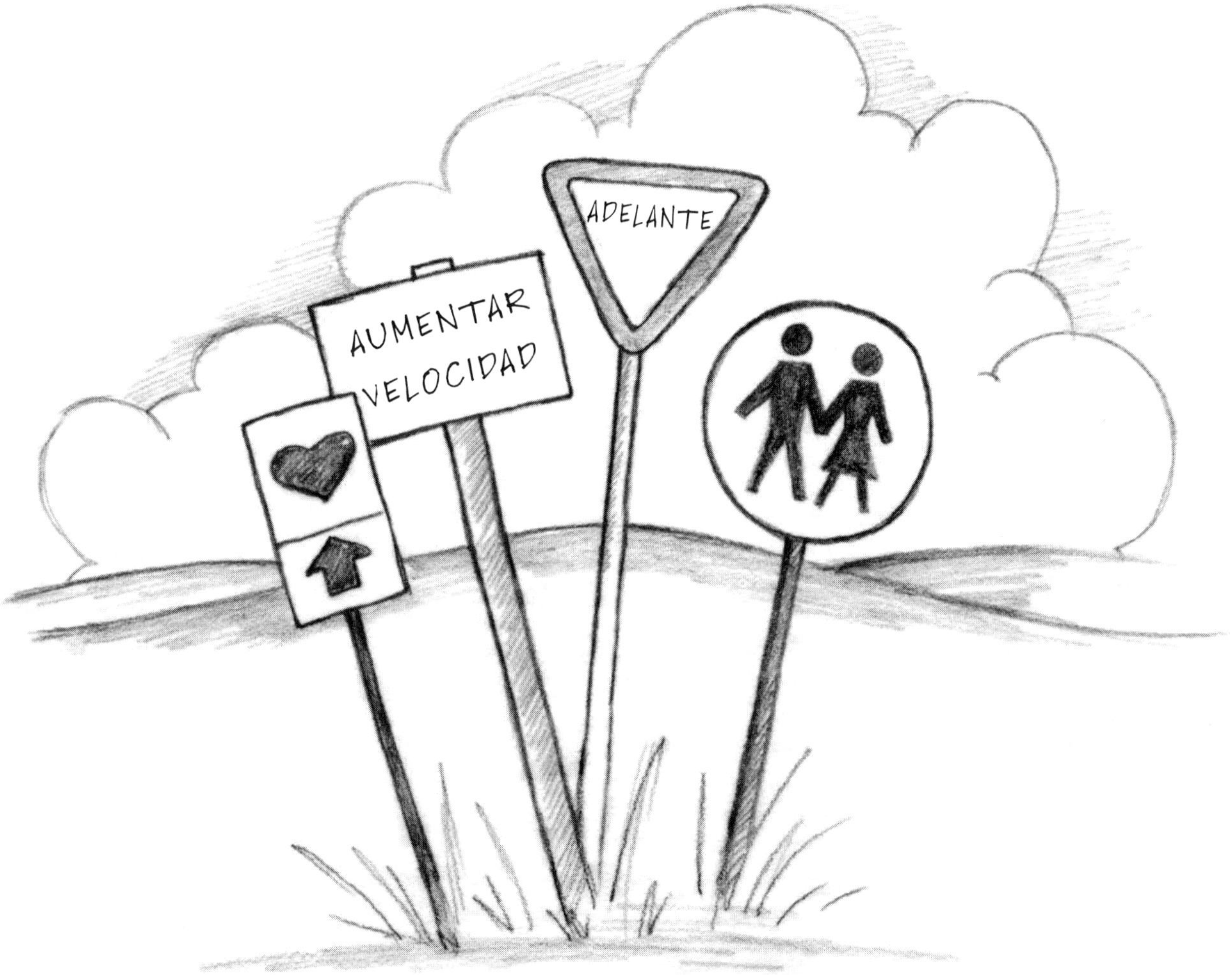

SÉPTIMA SEMANA:

EL ROMANCE
y la realización sexual

VERSÍCULO DE MEMORIZACIÓN (MUJERES)

Mi amado es mío, y yo suya...

y conmigo tiene su contentamiento.

(Cantar de cantares 2:16; 7:10)

VERSÍCULO DE MEMORIZACIÓN (MARIDOS)

Alégrate con la mujer de tu juventud...

y en su amor recréate siempre.

(Proverbios 5:18-19)

EL ROMANCE Y LA REALIZACIÓN SEXUAL

En nuestra cultura, el sexo vende todo, desde coches hasta bebidas gaseosas, desde cereales de fibra hasta barcos. Nuestra sociedad promueve la sexualidad como fantasía, no realidad. Si alguien quisiera escribir un libro acerca del sexo en el matrimonio, el título podría ser Grandes Expectativas. . .

Desafortunadamente, la realidad derriba rápidamente las expectativas. El dormitorio de nuestra casa rara vez se parece al dormitorio de la tele o de las películas. Los terapeutas matrimoniales por todo Estados Unidos informan que las parejas luchan con el sexo constantemente.

Tal vacío entre las expectativas y la realidad deja muchas parejas desilusionadas y desanimadas. ¿A dónde puede ir? En casa, la conversación es incómoda, la iglesia permanece silenciosa y el mundo no ofrece soluciones basadas en la realidad.

¿Dónde se encuentra en su relación sexual? ¿Realizado o frustrado? ¿Sus expectativas se asemejan a la realidad? Cuando tiene preguntas honestas, ¿cómo se encuentran las respuestas prácticas?

La respuesta le puede sorprender...

UNA VISTA RÁPIDA POR DELANTE

Es imposible hablar de la actuación en su matrimonio sin abrir la caja de Pandora del romance y el sexo.

Hay pocos áreas en nuestro matrimonio con tanto equipaje como el sexo. Las expectativas siempre están puestas muy alto. Los esposos esperan que sus mujeres sean modelos de ropa interior. Las esposas esperan que Casanova las venga a rescatar. Con tantas expectativas, ambos terminan desilusionados. Al mismo tiempo, cualquier conversación significativo sobre el tema es apartada por los platos, los niños, el trabajo y las reuniones de la iglesia. Es más fácil simplemente tapar la exasperación.

Pero esta semana no. Esta semana aliviará nuestros malos entendidos del sexo.

- La Biblia no dice nada del sexo, ¿verdad?
- ¿Por qué mi pareja no siente lo mismo que yo acerca del sexo?
- ¿El sexo debe ser espontáneo siempre?
- ¿Por qué son tan diferentes los hombres y las mujeres?

Luego, tras unos consejos eternos del Creador del sexo, cambiaremos nuestras grandes expectativas a una realidad mejor.

Nota: Tras charlar sobre el viaje del primer día en grupo, se dividirá en grupos separados de hombres y mujeres para hablar del resto de sus viajes diarios.

Caminar diario, Día uno

Asegúrese de leer las notas de estudio de la semana pasada antes de hacer esta sección. **Repaso**:

1. A la luz de 1ª Pedro 4:12, ¿cómo cree que Dios quiere que traten las pruebas en pareja? Ponga ejemplos específicos.

___
___
___
___

↠ *Pasos de fe* ↞

Recuerde, estos ejercicios no son tema de conversación en la clase a menos que se indique lo contrario.

1. Repase la tabla "Pruebas matrimoniales típicas" de las notas de la semana pasada; luego, en la tabla escriba "Marido" o "Mujer" sobre cualquier síntoma que haya surgido de esas pruebas.

2. Ahora que ha identificado sus pruebas y síntomas, pónganlos en orden a continuación. Apunte como primera prueba, la que más presiona ahora mismo. Anote sus pruebas personales, luego las de su pareja, y finalmente, sus pruebas como pareja. Es probable que las respuestas sean muy parecidas, o incluso iguales.

PRUEBAS Y SÍNTOMAS

MIS 3 PRIMERAS SÍNTOMAS

1: _____

2: _____

3: _____

MIS 3 PRIMERAS PRUEBAS

1: _____

2: _____

3: _____

LAS TRES PRIMERAS SÍNTOMAS DE MI PAREJA

1: _____

2: _____

3: _____

LAS TRES PRIMERAS PRUEBAS DE MI PAREJA

1: _____

2: _____

3: _____

NUESTROS 3 PRIMEROS SÍNTOMAS COMO PAREJA

1: _____

2: _____

3: _____

NUESTROS 3 PRIMERAS PRUEBAS COMO PAREJA

1: _____

2: _____

3: _____

SÉPTIMA SEMANA: *El romance y la realización sexual*

3. Tras identificar sus pruebas, repase los "Cuatro pasos para tratar de las pruebas" de las notas de la semana pasada, y desarrolle una estrategia para perseverar y apoyarse en estas pruebas.

4. Completen las siguientes declaraciones individualmente, uno para cada prueba a la que se enfrentan como pareja.

    a. Cuando pienso en cómo más me puede apoyar en esta prueba, necesito que usted...

_____

_____

    b. Cuando pienso en cómo más puedo apoyarle a usted en esta prueba, necesito...

_____

_____

Caminar diario, Día dos

Antes de empezar el próximo viaje diario, léanse los capítulos 12-13 en su libro acompañante, Dos haciéndose uno, por Don y Sally Meredith.

Hoy empezamos nuestro estudio de la relación sexual en el matrimonio. Estar consciente de la actitud y sabiduría de Dios es importante para poder cambiar nuestra perspectiva. Confiamos en que usted descubrirá que *Dios es positivo, incluso entusiasmado, en cuanto a la relación sexual del matrimonio.*

Primero vamos a hablar de nuestras luchas y éxitos con el sexo y el romance.

VERDAD 1—LA SEXUALIDAD ES CREACIÓN DE DIOS.

1. Busque Génesis 1:27 y 2:24-25. Según estos versículos, ¿quién creó el sexo?

_____

2. ¿Cómo se compara su respuesta a la percepción de nuestra cultura? Explíquese.

_____

_____

VERDAD 2—EL AMOR FÍSICO ES PARA LA PROCREACIÓN Y EL PLACER.

3. Lea el siguiente versículo y rodee las palabras y/o frases que revelan el entusiasmo que Dios tiene en cuanto a la sexualidad.

Ponme como un sello sobre tu corazón, como una marca sobre tu brazo; porque fuerte es como la muerte el amor; duros como el Seol los celos; sus brasas, brasas de fuego, fuerte llama. (CANTAR DE CANTARES 8:6)

Los propósitos del amor sexual sobrepasan la simple procreación. Considere las palabras fuertes que el Espíritu Santo utiliza para describir el amor sexual: muerte, llama divina, bendito, recocijarse, satisfacerse y cautivado (léase Proverbios 5:18-19).

Los sentimientos y el romance normalmente son el resultado de una relación saludable, no la causa.

4. ¿Qué significa describir el sexo como "una llama divina"?

_____

_____

5. Busque Salmo 127:3. Hemos visto que el placer es uno de los propósitos que Dios tiene para el sexo. ¿Cuál es otra parte del plan de Dios para nuestra unión?

_____

VERDAD 3—EL AMOR FÍSICO ES UNA IMAGEN DE CRISTO Y LA IGLESIA.

6. Busque Efesios 5:31-32, y hablen sobre cómo esta imagen de Cristo y la Iglesia se relaciona con el matrimonio, incluyendo la intimidad sexual..

_____

_____

_____

3 Caminar diario, Día tres

La mayoría de las parejas van a necesitar reprogramar sus mentes por enseñanzas equivocadas de la iglesia, los padres o la sociedad. La Biblia comunica muchas verdades en este área que vamos a ir considerando en los próximos tres días. Estas revelaciones nos ayudarán a movernos de un intimidad física motivada por la actuación hacia un *punto de vista de la sexualidad y el romance basado en la fe.*

VERDAD 4—EL AMOR FÍSICO DEMANDA UNA PRIORIDAD DE TIEMPO.

1. Busque Deuteronomio 24:5. El término "alegrar" en Deuteronomio 24:5 podría interpretarse "aprender a satisfacer sexualmente." Esta práctica judía nos cuenta mucho acerca de la prioridad que pone Dios para la unión sexual. ¿Cuál podría ser el propósito de Dios al limitar las responsabilidades externas del esposo durante el primera año de matrimonio?

_____

_____

2. ¿Por qué es importante que la esposa sepa que su esposo está disponible para ella y que está aprendiendo a cumplir sus necesidades?

_____

3. Busque Cantares 7:11-12. ¿Por qué es importante "apartarse" de vez en cuando para recuperar su habilidad de hacer el amor?

_____
_____

Verdad 5—El amor físico requiere la transferencia de la propiedad corporal.

4. Busque 1ª Corintios 7:3-4. ¿Qué quiere decir Dios con estos versículos? ¿Por qué es importante para experimentar la "unión" en el matrimonio?

_____
_____

5. ¿Qué obstaculos tiene para esta directriz, si es que tiene alguna? ¿Cómo cree que estos principios de fe le pueden ayudar a resolver esto?

_____
_____
_____

📅 Caminar diario, Día cuatro

Verdad 6—El amor físico debe ser apasionado y creativo.

1. Busque Cantar de Cantares 4:16; 5:1; 6:13. En estos versículos Salomón y su novia utilizan "jardín," "frutas" y "fragrancia" como metáforas para la intimidad sexual. ¿Cómo describiría sus emociones y nivel de excitación?

_____
_____
_____

2. ¿Qué hacía la mujer de Salomón para tentarle sexualmente (Cantares 2:6; 4:16)?

_____
_____

Verdad 7—La escritura apoya la comunicación verbal durante el amor sexual.

3. Busque Cantar de Cantares 5:10-16; 7:1-9. ¿Qué ocurre entre Salomón y su esposa en estos pasajes?

_____
_____

4. ¿Qué puede aprender de las diferencias entre hombres y mujeres en estos pasajes? (Dese cuenta de dónde comienza y para cada uno en su descripción del otro.)

_____
_____
_____

5 Caminar diario, Día cinco

VERDAD 8—EL AMOR FÍSICO DEBE OCURRIR CON FRECUENCIA.

1. Busque 1ª Corintios 7:5. Hacerse "una sola carne" no es automático. Requiere más que una simple prioridad de tiempo. ¿Qué importancia tiene el contacto sexual consistente entre los maridos y las mujeres?

_____
_____

2. ¿Qué expectativas se mencionan en el versículo anterior?

_____
_____

VERDAD 9—EL AMOR FÍSICO ES MÁS QUE FÍSICO.

3. Busque Cantar de Cantares 5:2-8. No debemos enfocarnos en los aspectos físicos de la sexualidad si dejamos de lado las necesidades emocionales, espirituales e intelectuales de nuestra pareja. Resuma a continuación el ánimo de la Sulamita de responderle a Salomón tras haberle rechazado. ¿Qué podemos sacar de esto?

_____
_____

4. Ahora resuma la respuesta de Salomón a su esposa (6:4-10). ¿Qué podemos aprender de este intercambio?

_____
_____
_____

VERDAD 10—EL AMOR FÍSICO DA CONSUELO Y SANA.

5. Busque 2º Samuel 12:24. El amor sexual es una manifestación de lo que Dios llama "una carne," una unión que pasa el simple acto sexual. ¿Cómo podía dar consuelo la unión sexual al corazón dolido?

_____

_____

Verdad 11—Los padres transfieren actitudes acerca de la pureza sexual a sus hijos.

6. Busque Cantares 8:8-9. La hija menor se describe o como un "muro" (fuerte contra la tentación) o como una "puerta" (abierta a la tentación). ¿Cómo describe el texto la protección que sus hermanos tienen para ella?

_____

_____

Pida que sus hijos sean "muros." Desafortunadamente, la mayoría de los adolescentes saben más de los detalles intricados de conducir un coche que de la experiencia sexual. Debemos ser motivados por las Escrituras a explicar con claridad, sensibilidad y ternura, las tentaciones y trampas de la intimidad sexual antes del matrimonio.

⇾ *Aplique el principio* ⇽

Esta semana, queremos hacer una excepción. **Léase las notas de este capítulo. Preste especial atención a las últimas páginas de crear experiencias donde están "desnudos y sin vergüenza."** Luego vuelva y termine este sección.

Empiece ahora a establecer un hábito de crear tiempo para los dos a solas.

Muchas veces cuando alguien escucha que se va a "planificar" tales experiencias en el matrimonio, *la relación basada en la actuación* dice:
"El sexo debe ser totalmente espontáneo."
"Mi pareja debe saber intuitivamente lo que quiero."
"La oración interrumpe el momento completamente."

Pero cuando la pareja actúa en fe por las verdades de Dios acerca de la sexualidad y el romance, van a experimentar realización en su unión física y emocional.

Cuando fracasa al planificar, está planificando fracasar. Así que para ayudarle a conseguir la realización sexual en su matrimonio, dé estos pasos prácticos y creativos:

Primer paso—Saquen sus agendas.

Segundo paso—Aparten tiempo para los próximos tres meses.

1. Apunten varias experiencias de estar "desnudos y sin vergüenza" de 24 horas.

2. Apunten varias experiencias de estar "desnudos y sin vergüenza" de 2 horas.

Tercer paso—Planifiquen las experiencias.

Varíen la persona responsable de llevar la experiencia. A veces que sea el esposo, y otras que sea la esposa, luego pueden planificarlos juntos. Además, sean diligentes en su oración para estas experiencias.

Aviso: Con hijos, la iglesia, el trabajo y el cuidado de la casa esto se puede convertir fácilmente en otro item de su lista de cosas que hacer. Asegúrese de tener expectativas realistas para las experiencias de estar "desnudos y sin vergüenza" de 24 horas y de 2 horas. Los hábitos suelen tardar en establecerse, pero una vez que se extablezcan, deben hacerse una parte natural del flujo de la vida. Estos tiempos aparte deberían revitalizarle y refrescarle en el viaje desde la actuación hacia la fe en su matrimonio.

Cuarto paso—Evalúen y vuelvan a planificar.

Tomen el tiempo de evaluar lo que funcionó, lo que les gustó, lo que volverían a hacer y lo que cambiarían. Luego saquen sus agendas y planifiquen los próximos meses. Si hace un hábito intencionado de apartar tiempo para el romance y la sexualidad, se dará cuenta de una mejora notable en la profundidad de su intimidad.

UN BREVE REPASO

Muchas parejas pasan la tormenta de una relación sexual frustrante sin hacer ajustes. Es más fácil esconder la amargura en lugar de gastar la energía necesaria para cambiar. Pero hemos aprendido que Dios tiene mucho que enseñarnos en esta área. En lugar de ser una fuente de lucha, el romance y la sexualidad pueden ser una fuente de fuerza e intimidad en su matrimonio.

ORACIÓN HACIÉNDOSE UNO

Padre celestial, gracias por crear mi sexualidad. Te confieso que no siempre Te he honrado con mis acciones o actitudes sexuales. Por favor, perdóneme. Señor, te pido que Tu Santo Espíritu abra nuestro matrimonio a Tu experiencia sexual máxima. Ahora comprendo Tu placer en mi unión sexual con mi pareja. Señor, dale a mi parjea una comprensión sensible de mis temores y preocupaciones sexuales y a mi de los suyos. Permítanos acercanos al futuro creativamente siempre pensando en Tu palabra. Abrame a consejo si me encuentro con obstáculos que le desanimen a mi pareja. Bendiganos con la habilidad de llenarnos plenamente con el sexo para poder honrarte a Ti. En el nombre de Jesús, Amén.

PENSAMIENTOS PARA EL CAMINO

Estas notas le van a ayudar con la sección de aplicación de este capítulo.

LA EXPRESIÓN SEXUAL: EL REGALO DE DIOS PARA LA UNIÓN EN EL MATRIMONIO

Así que, ¿a dónde va en su relación sexual? ¿Realizado o frustrado? Si usted se parece a la mayoría de las parejas, probablemente se encuentra en algún punto de esa escala. Con las presiones de la cultura y los medios, a menudo nuestras expectativas acerca del tomance y la expresión sexual no se cumplen en la realidad.

Los temas sexuales suelen crear problemas en el matrimonio. Hay tres razones principales por las que surgen problemas:

1. Un punto de vista equivocado sobre la sexualidad humana. Los cristianos han sido malprogramados por la cultura para que vean el sexo como una experiencia no relacional y automática.

2. Las actitudes egoístas en cuanto al sexo. Los cristianos luchan sexualmente por sus naturalezas egoístas. Sin control, esto puede destruir el propósito de Dios para la relación sexual.

3. Falta de liderazgo bíblico en el tema del sexo. Históricamente, los profesores bíblicos han dudado al compartir el entusiasmo y la sabiduría de las Escrituras acerca de la relación sexual. Dado este vacío de verdad bíblica, los cristianos simplemente siguen la perspectiva del mundo acerca de la sexualidad.

No obstante, Dios está totalmente comprometido a la relación sexual en el matrimonio. En las Escrituras vemos que Dios le da el nombre de "llama del Señor" (Cantar de Cantares 8:6) al amor sexual. La relación sexual es una característiva única del matrimonio y el sexo fue diseñado para ser tanto bello como excitante.

DIOS CREÓ EL SEXO Y ESTÁ COMPROMETIDO A LA SEXUALIDAD HUMANA.

Como cristianos, nuestra prioridad principal debe ser descubrir lo que dicen las Escrituras acerca del amor sexual. La verdad de Dios le ayudará a maximizar su experiencia de amor sexual en el matrimonio.

Se le da tremendo valor a la relación sexual en las Escrituras.

Las siguientes verdades bíblica reflejan el punto de vista de Dios sobre la sexualidad, y también nuestra esperanza para la sanación sexual en nuestra cultura.

- La sexualidad es una creación de Dios.
- El amor sexual es para la procreación y el placer.
- El amor sexual es una imagen de la unión de Cristo y la Iglesia.
- El amor sexual demanda una prioridad de tiempo.
- El amor sexual requiere la transferencia de propiedad corporal.
- El amor sexual debe ser creativo y apasionado.

- La Escritura apoya la comunicación verbal durante el amor sexual.
- El amor sexual debe ocurrir con frecuencia.
- El amor sexual es más que físico.
- El amor sexual da consuelo y sanación.
- Las actitudes sexuales de los padres se transfieren a los hijos.

Dios identifica la sexualidad como una distinción del matrimonio y la unión.

Dios ha establecido el sexo como un ingrediente primario en la unión del matrimonio. "Serán una sola carne." (Génesis 2:24) describe así la esencia de la unión en el matrimonio. En Deuteronomio 24:5, se le da prioridad a la relación sexual sobre el trabajo y la guerra.

El regalo del sexo en el matrimonio es una imagen de Cristo y la Iglesia.

Dios utiliza el sexo como una imagen de la unión de Cristo con su Iglesia en Efesios 5:31-32. "Por esto dejará el hombre a su padre y a su madre, y se unirá a su mujer, y los dos serán una sola carne. Grande es este misterio; mas yo digo esto respecto de Cristo y de la iglesia."

Solemos utilizar la misma terminología matrimonial al describir nuestra relación con Cristo. Nuestra intimidad terrenal con nuestra pareja es una imagen de nuestra relación espiritual con Cristo. Nosotros somos la "novia," Él es el "novio."

Cristo nos ofrece gracia mediante la salvación. La unión física en el matrimonio es una manera de ofrecerse gracia el uno al otro. Al dar mi cuerpo voluntariamente a mi pareja, doy de un corazón de gracia.

DIOS CREÓ A LOS ESPOSOS Y A LAS ESPOSAS CON DIFERENCIAS SEXUALES.

Algunos se pregunta porque Dios hizo que el sexo fuera un tema tan difícil de sacar. Con la intimidad sexual sirviendo coo la imagen profunda de nuestra relación espiritual con Cristo, Satanás hace todo lo posible por demoralizar, marginalizar y degradar un acto íntimo. Además, la conversación requiere que nos sirvamos las necesidades de sexo diferentes de la otra persona.

Las puertas hacia la realización sexual son distintas para el marido y la mujer.

Cantares 5:10-16, 7:1-9 demuestra la diferencia entre la mentalidad del hombre y de la mujer acerca del sexo. En Cantar de Cantares 5, la mujer se enfoca en su cara—ella es relacional. En Cantar de Cantares 7, el marido se enfoca por lo general en el medio de su cuerpo—él es físico.

Vamos a ver algunas de las diferencias entre los hombres y las mujeres. Al contemplar las puertas hacia una sexualidad sana, debemos generalizar un poco. Si no se encaja perfectamente en estas generalizaciones, no se frustre—Dios es más grande que cualquier generalización.

La puerta hacia la satisfacción sexual para el hombre tiende a ser física (la vista y el tacto; véase Job 31:1).

Los hombres tienden a estimularse por la vista y por lo general piensan más en el sexo que las mujeres. La investigación indica que jóvenes de menos de treinta años piensan en el sexo más de diez veces a la hora. El esposo necesita una esposa tanto sensible como abierta a estimularle con la vista y el tacto.

La puerta hacia la satisfacción sexual para la mujer tiende a ser emocional y relacional.

Cuando Ann Landers hizo un consenso de 90.000 mujeres, 64.000 dijeron que "un abrazo calentito" cumplía con suficiencia sus necesidades. La puerta hacia la satisfacción sexual para las mujeres tiende a ser muy distinta que la de los hombres. Las mujeres sienten que el sexo es una experiencia holística con sus maridos. El compromiso relacional de su marido durante las 24 horas previas a la experiencia sexual suele significar tanto para ellos como el acto de sexo en sí.

La mujer necesita estar segura del amor de su pareja, como una abrazo, una caricia, un cumplido o un "te quiero." La mujer responderá bien al hombre que la escucha activamente y que exhibe comprensión de su vida y necesidades.

Para resumir, por lo general, los maridos buscan una mujer que sea una amante apasionada mientras que las mujeres buscan un amigo sensible. Recuerde que Dios creó su sexualidad y que la mejor relación sexual ocurre cuando ambas personas ponen las necesidades de la otra ante que las suyas. Esto es ser un siervo como Cristo. También, recuerde que estas son generalizaciones—usted y su pareja pueden ser distintos.

A pesar de sus diferencias, los esposos y las esposas necesitan la unión sexual.

Considere las siguientes maneras de las que el marido y la mujer necesitan la unión sexual.

1. En su unión sexual, la pareja refleja el propósito de Dios.

En nuestro primer capítulo hablamos acerca de la necesidad de aceptar los propósitos de Dios para el matrimonio. Dos de ellos se realizan en la relación sexual—una oportunidad de reproducir hijos y de reflejar Su imagen juntos.

2. Los maridos y las mujeres son más sanos y experiementan expresión sexual frecuente. La investigación médica demuestra que la actividad sexual frecuente los enriquece a los dos físicamente.

3. La confianza en sí mismos del epsoso y la esposa mejora cuando su vida romántica prospera. Al pasar tiempo en romance y amor con su pareja, su intimidad sexual y disfrute aumentarán también.

4. El entusiasmo por el matrimonio se aumenta con la unión sexual. Las parejas que experimentan plena realización sexual como pareja disfrutan de estar en pareja, ya sea en viajes juntos o un fin de semana en casa a solas. Apartar el tiempo para amarse es una elección que lleva a la realización y excitación sexual.

Recuerde que depende de cada pareja la frecuencia con la que mantienen relaciones sexuales. Como escribió Salomón, "Queridos amigos, comed y bebed, ¡bebed cuanto queráis!" (Cantar de Cantares 5:1). Lo que ustedes deciden juntos es lo que les es mejor.

5. La excitación sexual de la pareja impacta positivamente a toda la familia.

No hay nada que le anime más a un niño que cuando papá y mamá se abrazan o se besan. Al contrario, la falta de amor entre los padres puede ser devastador. La mujer no podrá reflejar la plenitud de su naturaleza femenina a su hija si no le ama de verdad a papá. De la misma manera, el hijo tendrá dificultad al definir correctamente el amor su no ve como papá le ama de verdad a mamá. Las familias van mejor cuando mamá y papá experimentan una vida sexual plena.

MARIDOS, DEMUESTREN COMPASIÓN Y SENSIBILIDAD HACIA LAS NECESIDADES FÍSICAS DE SU MUJER.

Si el esposo quiere que su esposa se excite sexualmente, debe satisfacer sus necesidades emocionales y relacionales. Ya que tantos hombres no suelen ser emocionales, deben convertirse en "detectives" y descubrir los temas que obstaculizan el sentido de bien estar de su mujer.

Proteja la libertad emocional y sexual de su esposa.
El estrés emocional puede llegar a ser heridas sexuales que le obstaculizan a su mujer al experimentar la plenitud sexual. Por ejemplo, el miedo, dolor, resentimiento y enfado son emociones que suelen bloquear la satisfacción sexual en las mujeres. Los temas que causan estas emociones deben quitarse de en medio antes de que se pueda reestablecer un sentido de bien estar emocional para su esposa. Recuerde estas diez sugerencias a la hora de proteger la libertad sexual de su mujer:

- Las inversiones emocionales como decir "Te quiero," y demostrar un profundo compromiso matrimonial son necesarias para la satisfacción sexual.
- Poca comunicación bloquea la apertura sexual.
- Hay que tratar con el dolor emocional y el daño causado por el pecado sin confesar antes de experimentar intimidad física.
- No ver positivamente el cuerpo y implicación sexual de su pareja le hacen daño.
- Algunas expresiones sexuales, especialmente de recién casados, pueden causar pudor en su pareja.
- Falta de privacidad absoluta puede eliminar la posibilidad de libertad emocional.
- Los horarios ocupados disminuyen la expresión sexual.
- El dolor físico puede ser un problema ocasionalmente.
- El daño físico o emocional siempre inhiben la libertad sexual.
- Hay que tratar el abuso de sustancias o el abuso sexual en el pasado con terapia.

LOS MARIDOS Y LAS MUJERES DEBEN DISFRUTAR DE SU LIBERTAD SEXUAL.

Las parejas suelen preguntar, "¿Qué podemos hacer para revitalizar nuestra experiencia sexual?" Estos dos últimos apartados se dedican a responder a esa pregunta.

Comunicar—Los maridos y las mujeres deben ser honestos a la hora de contar sentimientos y acciones sexuales escondidos.

Lo que decimos y lo que pensamos puede no ser lo mismo. Por ejemplo, puede que la mujer diga, "No me siento muy bien ahora mismo; te importa que no lo hagamos esta noche?" Su esposo cree que ella se siente físicamente enferma en ese momento. Pero, lo que ella quiso decir era, "Me he sentido gorda todo el día y lo último que quiero hacer ahora es desnudar mi cuerpo." O, "No has comunicado bien conmigo ultimamente, ¡y ahora quieres sexo! ¡No!" No es ninguna sorpresa que las parejas luchen tanto. Ya es bastante difícil tratar con los temas abiertos que para tener que rebuscar los temas escondidos.

Considere los siguientes ejemplos de sentimientos, deseos y acciones escondidos:

No substituya su expresión sexual con pornografía, fantasías o masturbación.

Estas cosas además de inhibir la unión en el matrimonio, dañan la relación.

Cada persona debe ser honesto consigo mismo y con el Señor acerca de sustitutos sexuales. Tras confesárselos al Señor, compártalos con su pareja. (Su pareja no debe sentirse tentado para juzgarle.) Luego la pareja debe hacer un plan para corregir el problema, trabajando juntos para servirse mutuamente. Busquen ayuda de un terapeuta si algunos de estos comportamientos se hayan convertido en adicción. Hay ayuda disponible.

Su cuerpo no es una máquina para la manipulación.

A veces los esposos o las esposas hacen trueques sexuales que no son sanos. Formas de manipulación y deshonestidad escondidas son dañinas y malas. Decir subconscientemente, "Te voy a castigar sexualmente por eso," está mal y es manipulador. Dios nos quitó ese derecho al dar la propiedad del cuerpo de cada uno a la otra persona (véase 1ª Corintios 7:1-5).

Así pues, busque en su corazón para detectar culpabilidad. Si es culpable, confiésaselo a Dios y a su pareja. En fe, asegure su pareja de su compromiso de no volver a hacer lo mismo en el futuro.

No castigue por fallos en el pasado—intente perdonar.

Algunas parejas tienen dificultad para perdonar y olvidar, y puede que lleven la amargura consigo durante años. Desde el punto de vista de Dios hay poco que sea peor que no perdonar, especialmente tras el perdón inmenso que nos dio Él.

Deje de castigarle a su pareja por un fallo en el pasado. No obstante, si ha habido una historia de adulterio o pornografía, el/la culpable necesitará

> Desde la perspectiva de Dios, hay poco peor que no perdonar, especialmente tras el perdón inmenso que nos ha dado Él.

alguien a quién rendir cuentas periódicamente, preferiblemente un consejero o líder cristiano.

Reconozca la posibilidad de disfunción sexual.

La disfunción sexual—la inhabilidad de responder sexualmente o de tener interés sexual—puede ocurrir en el matrimonio por muchas razones. Algunas formas de disfunción sexual son físicas, otras emocionales y otras son espirituales. Aquí les damos algunas causas físicas y emocionales: (1) eyaculación precoz o problemas de erección, (2) dolor sexual, (3) abuso de drogas (pasado o presente), (4) abuso sexual en el pasado, (5) una historia de miedo y ansiedad sexual, (6) una historia de extrema concentración sexual (aventuras, pornografía, etc.), (7) una historia de extrema culpa y (8) algunas medicinas para la depresión.

Si algunos de estos temas se encuentran presentes en su matrimonio, busque ayuda o información médica.

Las parejas deben enfocarse en los encuentros sexuales enteros y no solamente en el coito.

Las relaciones sexuales en el matrimonio suelen consistir de quince a veinte minutos y principalmente se tratan del coito. La excitación sexual duradera es casi imposible en ese contexto. El enfoque debe ponerse en la persona física completa de su pareja. Tanto para el marido como para la mujer, los encuentros prolongados que eventualmente culminan en coito les satisfacen las necesidades de romance y cariño.

Desde luego que hay momentos cuando solo se pueden permitir encuentros sexuales breves, pero a la larga, si las parejas esperan tener unión sexual, deben enfocar su relación sexual en encuentros "holísticos." Los encuentros holísticos, también llamados experiencias de estar "desnudos y sin vergüenza" cumplen las necesidades emocionales, espirituales y físicas de ambos.

TODA PAREJA NECESITA EXPERIENCIAS DE ESTAR "DESNUDOS Y SIN VERGÜENZA."

¿Qué es una experiencia de estar "desnudos y sin vergüenza"?

Este encuentro único es una experiencia que dura de una a dos horas y que consiste de cinco elementos progresivos.
- Preparación previa.
- Relajación, comunicación y oración.
- Tensión sexual y juegos sexuales.
- Coito / deseos especiales
- Comunicación (un final apropiado)

La experiencia de estar "desnudos y sin vergüenza" le da varios beneficios a la expresión sexual de la pareja.

La experiencia de estar desnudos y sin vergüenza le provee a la pareja con:

- Tiempo adecuado para experimentar el romance.
- Oportunidad y tiempo para crear tensión sexual, lo cual resulta en respuestas físicas más completas a continuación.
- Tiempo adecuado para cumplir las necesidades emocionales y relacionales de la esposa.
- La oportunidad de comunicar espiritualmente y emocionalmente.
- La oportunidad de caracterizarse como "deseables" y "enamorados."

Lo ideal es que cada pareja tenga una experiencia de estar "desnudos y sin vergüenza" al menos una vez a la semana. Además, cada pareja debe planificar varias excursiones de veinticuatro horas al año. Desde luego que planificarlas no es fácil, pero vale la pena, incluso si sólo se puede planificar la mitad.

Planifiquen una experiencia de 24 horas.

Un encuentro de estar desnudos y sin vergüenza consiste de los mismos elementos, ya sea de veinticuatro horas o de dos. Al considerar los elementos comunes, también nos enfocaremos en la línea temporal, comenzando con un encuentro de 24 horas.

Aunque no es siempre fácil apartarse un día entero, es vital para su unión. Las parejas suelen tener éxito si se hacen amigos de otra pareja con niños. Estas parejas se comprometen a cuidarse los niños mientras que cada pareja sale por allí.

La comunicación y la planificación son elementos claves. Determinen lo que sería una experiencia perfecta de 24 horas para cada uno. Luego, pongan los detalles en orden.

Las actividades anteriores al encuentro de dos horas tienen segunda prioridad en la lista. En este momento vemos como comienza a entrar en juego su planificación. Sean las que sean las actividades que usted y su pareja hayan planificado para ese día, disfruta de ellas. La relajación, la comunicación y la oración vienen a continuación. Cuando llegue la experiencia de dos horas durante el horario de 24 horas, se debe de incluir los siguientes elementos:

1. Empiecen relajándose, quizá con una ducha caliente o un baño con burbujas, o incluso una siestecita juntos. Puede que alguno de los dos necesite tiempo a solas.

2. La comunicación positiva y la oración vienen a continuación para la libertad emocional. Hay que dirigirse a los daños y preocupaciones positivamente antes de que pueda haber libertad emocional. Considere estos temas en su comunicación, posiblemente durante una cena relajante:
• Anímense a renovar los compromisos de fe y amor.
• Hablen de sus sentimientos actuales.
• Aparten tiempo para confesarse, recomprometerse y para orar.

3. Durante la comunicación previa, sería bueno ir preparándose para el encuentro sexual. Pregúntale a su pareja que qué es lo que le excita. Maridos, hablen con sus mujeres. Disfruten de la cercanía durante la conversación. Después de la oración, empiecen a calentarse. Lociones, iluminación y música apropiada ayudan mucho. Durante este periodo, cada persona debe describir en detalle algo que le gustaría que su pareja hiciera durante los juegos sexuales—nada de sorpresas que le pueden frustrar al otro.

4. A continuación, la tensión sexual y los juegos sexuales abrirán la pareja al deseo sexual. Mientras que no vamos a ser explícitos en este apartado, las parejas deben comprender su necesidad de participar en juegos sexuales, que pueden incluir caricias de amor y besos. Su conversación durante el periodo de comunicación y después de la oración le ayudarán a entrar en unos juegos que sean placenteros y deleitosos para su pareja.

5. Lo siguiente es moverse hacia la compleción. Mientras que la unión sexual no siempre es necesaria, sí que le provee a la pareja con una sensación especial de unión. Cada persona

pedirá a menudo alguna liberación sexual, y esto es tanto aceptable como una respuesta amorosa. No terminen hasta que los dos se sientan completos y realizados.

6. Finalmente, concluyan el día con estilo. Hay mucho que hacer en el horario de 24 horas. Comunicar, orar, y atar los cabos sueltos de recoger los niños, etc...juntos.

En conclusión, puede ver como la relación sexual entre el esposo y la esposa es de vital importancia. Puede ser de mucha recompensa o de mucha desilusión. Recuerde, cuando la comunicación y el romance se enfocan en la unión matrimonial, incluso nuestras vidas sexuales, las cuales fueron creadas para los propósitos de Dios, pueden darle gloria a Él.

Lectura Recomendada:
- *Intimate Issues*, por Linda Dillow y Lorraine Pintus
- *The Gift of Sex*, por Clifford y Joyce Penner
- *Intended for Pleasure*, por Ed Wheat

OCTAVA SEMANA:

LA COMUNICACIÓN
y la resolución de conflictos

VERSÍCULO DE MEMORIZACIÓN

Ninguna palabra corrompida salga de vuestra boca,

sino la que sea buena para la necesaria edificación,

a fin de dar gracia a los oyentes.

(Efesios 4:29)

LA COMUNICACIÓN Y LA RESOLUCIÓN DE CONFLICTOS

Granadas o minas.

Solemos convertirnos en una de estas dos cosas cuando se trata del conflicto en el matrimonio. Cuando hay algun conflicto con nuestra pareja (dese cuenta de la palabra "cuando," no "si"), o insultamos o escondemos nuestros sentimientos y esperemos que desaparezca. Algunos nos enfadamos rápido y al surgir un conflicto le tiramos todo el enfado, la amargura y el dolor encima de nuestra pareja. Otros evitan el conflicto a cualquier coste. Terminamos enterrando nuestro dolor hasta que nuestra pareja, o incluso nuestros hijos detonen ese dolor.

Si están casados como dos granadas, las explosiones son frecuentres pero rápidas, y cicatrizan sus almas.

Si están casados como dos minas, las explosiones son más raras, aunque enormes, dejando cráteres en sus corazones.

Si están casados como una granada y una mina, anden con mucho cuidado, nunca se sabe de donde vendrán las explosiones y pueden infligir todo tipo de daños.

¿Cuál es usted?

La comunicación dentro del matrimonio debe ser una fuente de bendición, no un campo amargo de batalla donde la muerte es nuestra intimidad. Si el conflicto es una parte esperada de nuestro matrimonio, ¿cómo podemos crear un modelo de comunicación que trate con los temas importantes sin infligir más dolor?

UNA VISTA RÁPIDA POR DELANTE

El conflicto no es una opción dentro del matrimonio, es una realidad. La manera de la que tratan ese conflicto va a ser un factor central al determinar la profundidad de su intimidad. Para moverse de una relación basada en la actuación hacia una relación basada en la fe en cuanto a la comunicación, necesitamos abandonar nuestros deseos egoístas de ganar, retaliar o castigar. Al contrario, debemos depender del Espíritu para que nos de la resolución.

¿Cómo describiría la comunicación de usted y su pareja?
- Más íntimo antes del matrimonio que después.
- Nos preguntamos por qué los argumentos siempre llevan al antagonismo.
- Inseguros acerca de cómo comunicar nuestros sentimientos reales sin explotar o enterrar el dolor.

Esta semana vamos a cerrar nuestro estudio de la unión de dos maneras. Primero, vamos a descubrir una manera bíblica de comunicar que nos mueve hacia la intimidad en lugar de hacia la irritación. Segundo, les pedimos que repasen los puntos más importantes para moverse desde la actuación hacia la fe en el matrimonio, en las páginas que siguen este capítulo, que se llaman Seguir con el viaje.

Caminar diario, Día uno

Asegúrese de leer las notas de estudio de la semana pasada antes de hacer esta sección. **Repaso:**

1. ¿Qué enseña la Biblia acerca de la sexualidad como expresión de la unión en el matrimonio?

___

___

___

→ *Pasos de fe* ←

Recuerde, estos ejercicios no son tema de conversación en la clase a menos que se indique lo contrario.

Estos pasos prácticos nos van a ayudar a establecer una perspectiva realista de su vida sexual actualmente; a identificar las áreas en las que tienen éxito y a proveer un plan para mejorar la expresión sexual y el romance. La honestidad y la transparencia son la clave para experimentar unión física.

Primera parte (personal)

1. Para responder a cada una de las siguientes declaraciones de la tabla, circule el número que mejor le caracterice. Utilice esta escala:

   1 = nunca, 2 = rara vez, 3 = de vez en cuando, 4 = a veces, 5 = a menudo, 6 = la mayoría de las veces, 7 = siempre

2. Repita el ejercicio, dibujando una "X" en el número que mejor describa la manera que usted piensa que le clasificaría su pareja.

EVALUACIÓN DE NUESTRA RELACIÓN SEXUAL

Anticipación del sexo	1 2 3 4 5 6 7
Deseo natural de practicar el sexo	1 2 3 4 5 6 7
Interés de mi pareja por mis necesidades	1 2 3 4 5 6 7
Comunicación sobre el sexo	1 2 3 4 5 6 7
Esfuerzo en los juegos sexuales y al hacer el amor como pareja	1 2 3 4 5 6 7
Ternura durante el acto sexual	1 2 3 4 5 6 7
Creatividad antes y durante el acto sexual	1 2 3 4 5 6 7
Atención a satisfacer a mi pareja durante el acto sexual	1 2 3 4 5 6 7
Prioridad temporal dedicado al sexo	1 2 3 4 5 6 7
Apreciación de mi cuerpo por parte de mi pareja	1 2 3 4 5 6 7
Deseo de mejorar nuestra vida sexual	1 2 3 4 5 6 7

Segunda parte (personal)

Complete las siguientes frases, como si usted hablara con su pareja. (De nuevo, esta tarea debe realizarse individualmente, no en pareja.)

1. Cuando considero su mayor necesidad sexual, siento que ud. necesita que yo…

_____

_____

2. Cuando considero mi mayor necesidad sexual, siento que usted necesita...

_____
_____

3. Considerando estas necesidades sexuales distintas, creo que ambas podrían cumplirse si...

_____
_____

Tercera parte (como pareja)

1. Hagan una historia breve de su entusiasmo sexual durante su matrimonio. Los cambios durante el matrimonio son normales. Anoten las razones de cualquier cambio.

_____
_____
_____

2. Hagan una lista de sus miedos y de las cosas que les motivan sexualmente y luego hablen de estas cosas. Si tiene alguna idea sobre cómo aliviar sus miedos, menciónela.

_____
_____

3. Hagan una lista de las actitudes que usted o su pareja tenga acerca de sus cuerpos que puedan inhibir su relación sexual y háblenla (véase 1ª Corintios 7:3-5; Cantar de Cantares 5:1-16; 7:1-9). Sus declaraciones deben ser cuanto más positivas posible.

_____
_____

4. ¿Qué comportamientos o acciones son románticos para usted? Aparte tiempo para completar su repuesta totalmente y para compartirla con su pareja.

_____
_____
_____
_____

Cuarta parte (como pareja)

El propósito de este apartado es hablar de sus sentimientos, actitudes y pensamientos en cuanto a este tema y animarse mutuamente. Trabajen conjuntamente en este apartado. Este ejercicio requerirá unos veinte minutos.

1. Compartan y hablen como pareja sobre las tareas completadas en la primera y segunda parte. Asegúrense de compartir sus pensamientos con una actitud de comprensión, compasión y perdón. No le juzgue ni le insulte a su pareja.

2. Aparten un día y una noche dentro del próximo mes para que los dos puedan escaparse para pasar juntos un tiempo especial de comunicación e intimidad.

Caminar diario, Día dos

Mientras que el tema de la comunicación está entrelazado en su libro acompañante, Dos haciéndose uno, nosotros pensamos que una semana de estudio sobre las enseñanzas de la Palabra de Dios sobre este tema sería un elemento esencial para usted y su pareja.

El elemento clave de comunicación al que se refieren constantemente las Escrituras es el "espíritu humano," una entidad sobrenatural que fue creada por Dios en la concepción. Génesis 2:7 describe como Dios creó el espíritu humano originalmente: "Entonces Jehová Dios formó al hombre del polvo de la tierra, y sopló en su nariz aliento de vida, y fue el hombre un ser viviente." La palabra hebrea traducida como "aliento de vida" es la palabra hebrea para espíritu humano. Así pues, el cuerpo más el espíritu es igual a un alma viva.

El uso más común de la palabra espíritu en la Biblia se refiere al humor de la persona, la disposición general o el estado de la mente. Nada afecta más a la comunicación que estas tres cosas. La primera cosa que nos dicen las Escrituras en cuanto a la comunicación es que revisemos nuestro espíritu humano, humor, o disposición. ¿Tenemos un espíritu positivo o negativo? ¿Anima o desanima la comunicación?

1. Busque Malaquías 2:13-16.

Se les instruye a los maridos que guarden sus espíritus. Ya que el contexto utilizado es el matrimonio, ¿qué parte juega la actitud humana en la comunicación matrimonial? ¿Qué efecto puede tener una actitud positiva o negativa sobre la comunicación con nuestra pareja?

_____
_____
_____
_____

Termine los capítulos que le faltan (10, 11, 14 & 15) en su libro acompañante, Dos haciéndose uno, *por Don y Sally Meredith.*

2. Los siguientes versículos contienen ejemplos positivos del espíritu humano. Anote el atributo y explique por qué piensa que esa característica es importante para tener comunicación buena. Ya se ha completado la primera referencia como ejemplo.

EJEMPLOS POSITIVOS DEL ESPÍRITU HUMANO

REFERENCIA DE LAS ESCRITURAS	TÉRMINO/ FRASE	CÓMO ESA CUALIDAD AYUDA LA BUENA COMUNICACIÓN
1ª de Corintios 16:18	"ánimos"	Me levanta y me anima.
Salmo 51:10		
Mateo 26:41		
Lucas 1:47		
Hechos 18:25; Romanos 12:11		
Gálatas 6:1		
Filipenses 1:27; 2:2		
1ª Pedro 1:13; 4:7		

3. Los siguientes versículos contienen ejemplos negativos del espíritu humanos. Anote los atributos y explique la razón de que esa cualidad impacte negativamente en la comunicación.

EJEMPLOS NEGATIVOS DEL ESPÍRITU HUMANO

REFERENCIA DE LAS ESCRITURAS	TÉRMINO/ FRASE	CÓMO ESA CUALIDAD INHIBE LA BUENA COMUNICACIÓN
Números 5:14	"envidia, naturaleza sospechosa"	Envidia y tonos acusativos
Génesis 4:6-8		
Éxodo 6:9		
Daniel 2:1		

4. Piense en la última "mala comunicación" entre usted y su pareja. Olvide el tema de momento. ¿Cuál fue su comportamiento? ¿Su actitud? ¿Qué efecto tuvo su "espíritu" en la comversación?

El romance se morirá sin la comunicación.

📅3 CAMINAR DIARIO, DÍA TRES

Otro factor que afecta la comunicación es la voluntad de cada persona. ¿Está usted caminando en el poder del Espíritu Santo, o le controla su "vieja persona"?

1. Busque Efesios 4:26-31. ¿Qué efecto tendría sobre la comunicación con su pareja quitar la amargura, el enfado y "todo tipo de malicia"? ¿Cómo puede quitar estas actitudes de en medio eficazmente? ¿Por qué será que Dios quiere que tratemos con el enfado rápidamente?

2. Lea los siguientes versículos y cuente cómo se relacionan el perdón y la compasión con la buena comunicación.

Entonces se le acercó Pedro y le dijo: Señor, ¿cuántas veces perdonaré a mi hermano que peque contra mí? ¿Hasta siete? Jesús le dijo: No te digo hasta siete, sino aun hasta setenta veces siete. (MATEO 18:21-22)

soportándoos unos a otros, y perdonándoos unos a otros si alguno tuviere queja contra otro. De la manera que Cristo os perdonó, así también hacedlo vosotros. (COLOSENSES 3:13)

Antes sed benignos unos con otros, misericordiosos, perdonándoos unos a otros, como Dios también os perdonó a vosotros en Cristo. (EFESIOS 4:32)

_____

_____

_____

3. Dios nos llama a ser pacificadores en nuestro hogar (Romanos 12:18). ¿Por qué será tan crucial para la buena comunicación?

_____

_____

_____

4. Dios nos llama a perseverar en los tiempos difíciles de la comunicación con nuestra pareja. ¿Por qué no es bueno "tirar la toalla"? (Mateo 5:44; Santiago 1:12).

_____

_____

_____

 ## CAMINAR DIARIO, DÍA CUATRO

La comunicación es una vía de doble sentido. Necesitamos hablar y escuchar. A menudo, nuestra comunicación en el matrimonio se desvía a una caravana cuando hablamos demasiado rápido y ponemos los frenos a nuestros oídos. Hoy, vamos a aprender acerca de las dos claves de la buena comunicación: el escuchar de corazón y hablar la verdad con amor.

Se dará cuenta de que hay un espacios tras cada versículo de las siguientes dos tareas. Apunte lo que dice el versículo acerca de escuchar o decir la verdad en amor. Luego de un ejemplo positivo o negativo de como este versículo se aplicó o no se aplicó en su vida. Se ha completado el primer versículo para servir de ejemplo.

VERDADES DE LAS ESCRITURAS SOBRE EL ESCUCHAR

REFERENCIA DE LAS ESCRITURAS	PRINCIPIO Y EJEMPLO DE MI VIDA
Santiago 1:19-20	El escuchar bien lleva a la justicia de Dios además de que ayuda a refrenar el enfado. Un ejemplo personal: nuestro problema económico del agosto pasado.
Santiago 1:22	
Proverbios 10:19	
Proverbios 13:3	
Proverbios 13:10	
Proverbios 13:18b	

VERDADES DE LAS ESCRITURAS SOBRE DECIR LA VERDAD EN AMOR

REFERENCIA DE LAS ESCRITURAS	PRINCIPIO Y EJEMPLO DE MI VIDA
Efesios 4:25	Debemos ser sinceros el uno con el otro por que somos uno en Cristo y nos amamos. Un ejemplo personal: No dije la verdad sobre cuánto gasté en ropa/electrónicas.
1ª Timoteo 1:5	
Proverbios 14:29	
Proverbios 15:1	
Proverbios 15:23	
Proverbios 17:27	
Proverbios 20:3	

📅 5 CAMINAR DIARIO, DÍA CINCO

¿Alguna vez se ha parado a pensar sobre cuándo nos comunicamos? Normalmente es cuando intentamos resolver algún problema: criar los niños, insatisfacción en el trabajo, mudarse, etc.

Esperamos que este estudio le haya motivado a usted y su pareja a comunicarse de una manera que profundice su intimidad y anime su pareja

Si Dios diseñó el matrimonio, ¿puede hacer que funcione? Encontramos que la respuesta es un gran sí.

1. ¿Cuál de los cinco principios de fe tuvo más impacto en su matrimonio? ¿Por qué?

_____
_____
_____

2. ¿Cómo han cambiado su forma de tratar con las luchas o pruebas tras este estudio?

_____
_____
_____
_____

3. ¿Hay algo que haya estado inhibiendo la comunicación en su matrimonio? Es la hora de ser sincero y de abrir las líneas de comunicación.

_____
_____
_____

4. ¿Cuál han sido los pasos más significativos que hayan tomado usted y su pareja en cuanto al conflicto, la intimidad sexual y la comunicación?

_____
_____
_____

Nota especial: Por favor, lea las notas de la octava semana antes de reunirse como grupo.

❧ *Aplique el principio* ❧

Muchos tenemos algo que obstaculiza nuestra comunicación. Como troncos en medio de un arroyo, la amargura, el enfado irresuelto y los sentimientos de resentimiento bloquean un dialogo sincero.

¡Es hora de destruir la presa!

Primera parte (personal)

Primer paso—Ore pidiendo claridad y sabiduría sobre cómo comunicar con su pareja al tratar ciertos temas.

Segundo paso—Apunte cualquier sentimiento negativo que tenga acerca de comunicaciones pasadas.

Tercer paso—Identifique cualquier actuación pecaminosa por su parte. Prepárese para pedir perdón al reunirse en pareja.

Segunda parte (como pareja)

Primer paso—Oren juntos pidiendo comunicación auténtica y la gracia suficiente de resolver el tema.

Segundo paso—Pidan perdón por cualquier actuación egoísta o pecaminosa en las pasadas comunicaciones (véase 1ª Juan 1:9).

Tercer paso—Presenten sus sentimientos negativos acerca de las pasadas comunicaciones.

Cuarto paso—Muévense hacia una resolución bíblica del tema.

Quinto paso—Prométanse que no volverán a permitir que la frustración, la amargura o el enfado irresuelto se acumule en su matrimonio.

UN BREVE REPASO

En el camino desde la *actuación* hacia la *fe* matrimonial, su comunicación tendrá uno de dos efectos: o les obstaculizará o les alentará para seguir. Los creyentes deben evaluar sus "espíritus" al comunicar con sus parejas. Además, los maridos y las mujeres tienen que anular sus naturalezas egoístas con el poder del Espíritu si quieren ser eficaces en su comunicación.

ORACIÓN HACIÉNDOSE UNO

Padre Celestial, Te pido que me des la habilidad de comunicar contigo y con mi pareja de manera eficaz. Te confieso que no siempre he exhibido los frutos del Espíritu en mi comunicación. Por favor, perdóneme. Señor, déme la sensibilidad de reconocer lo que proyecta mi espíritu humano, especialmente cuando me acerque a mi pareja. Déme sabiduría de las Escrituras para seguir sus instrucciones. Déme auto control y gentileza al animar y elevar mi pareja. Por Tu gracia, permítanos ser uno en nuestra comunicación. En el nombre de Jesús, Amén.

Lea los *Pensamientos para el camino* y la sección de *Seguir con el viaje,* antes de su próxima reunión.

PENSAMIENTOS PARA EL CAMINO

Complete las secciones Caminar diario de la octava semana y LEA estas notas ANTES de acudir a la próxima charla del grupo.

LA COMUNICACIÓN: LA CLAVE PARA LA INTIMIDAD EN EL MATRIMONIO

¿Ha podido averiguar si funciona más como una grenada o una mina al comunicarse? ¿Se abre al conflicto o se esconde del peligro?

"¡Es que no nos comunicamos!" ¿Cuántas veces ha escuchado esa frase de la boca de un esposo o una esposa en frustración? La falta de comunicación es una de las mayores causas del divorcio en Estados Unidos hoy en día.

Trágicamente, las parejas cristianas no parecen tener mejor suerte que las parejas no cristianas en el área de comunicación si permiten que les lleve sus "viejas naturalezas" en lugar del Espíritu Santo. Las parejas que quieren ser unos en el matrimonio deben buscar la sabiduría de Dios acerca de la comunicación y resolución de conflictos. El primer paso es que cada uno de ellos tenga una relación correcta con el Espíritu Santo.

La comunicación efectiva y las habilidades para resolver conflictos se adquieren al abrazarse al ministerio del Espíritu Santo.

La comunicación es el pegamento matrimonial de la unión. En la tercera semana, hemos establecido que el poder de la unión proviene del Espíritu Santo.

La comunicación efectiva es producto del Espíritu Santo.

La comunicación en el matrimonio se puede definir como el compartirse completamente y en verdad con la pareja de uno para que ambas personas se edifiquen y se animen hacia la unión. El Espíritu Santo es un elemento clave de este proceso. De hecho, uno de los mejores entornos para la comunicación efectiva es una en la que está presente "Mas el fruto del Espíritu es amor, gozo, paz, paciencia, benignidad, bondad, fe, mansedumbre, templanza" (Gálatas 5:22-23).

La base de la comunicación es el espíritu vivo del hombre.

La Biblia dice, "Entonces Jehová Dios formó al hombre del polvo de la tierra, y sopló en su nariz aliento de vida, y fue el hombre un ser viviente" (Génesis 2:7). Literalmente, Dios sopló "espíritu" dentro del hombre: el cuerpo más el espíritu es igual al hombre. La creación divina del espíritu del hombre se hizo la base para toda la comunicación—entre el hombre y Dios tanto como entre hombre y hombre. Fue soplar el espíritu dentro del hombre lo que le puso aparte de todas las otras criaturas vivientes. Esto proveyó una manera única de comunicar—la de palabras y emociones.

Si el esposo y la esposa son creyentes los dos, la comunicación influida por el Espíritu Santo es posible ahora. El Espíritu de Dios revitaliza sus espíritus humanos y ambos podrán comprender mejor la declaración de Malaquías a los esposos, "Guardaos, pues, en vuestro espíritu, y no seáis desleales para con la mujer de vuestra juventud" (Malaquías 2:15b). Malaquías indica que los maridos y las mujeres deben cuidar sus espíritus humanos.

En 1ª Corintios 2:14, 16, Pablo declara que los creyentes pueden comprender y aplicar la palabra de Dios a sus vidas: "Pero el hombre natural no percibe las cosas que son del Espíritu de Dios, porque para él son locura, y no las puede entender, porque se han de discernir espiritualmente … Mas nosotros tenemos la mente de Cristo."

Si tenemos la "mente de Cristo," el divorcio no es una opción. Dios no juega con las palabras al hablar sobre el divorcio, "Porque Jehová Dios de Israel ha dicho que él aborrece el repudio, y al que cubre de iniquidad su vestido" (Malaquías 2:16). Si caminamos continuamente en el Espíritu, jamás se nos ocurrirá pensar en el divorcio. La clave para una buena comunicación es el compromiso de trabajar con los problemas sin contemplar el final de la relación.

Así que la cuestión de la comunicación correcta entre usted y su pareja resulta ser, "¿Sus espíritus están sumisos al Espíritu Santo?" Si lo están, la comunicación efectiva será posible.

El Espíritu Santo utiliza las Escrituras para entrenar a las parejas en la comunicación efectiva.

Cuando la mayoría de las parejas se ponen a pensar en la comunicación, su idea principal se enfoca en el acto de hablar. No obstante, las Escrituras nos indican que la comunicación incluye la persona completa, y la investigación corrobora esto. Un estudio de investigación clásico de la Universidad de Stanford concluyó que solamente el 7 por ciento de nuestra comunicación sale de nuestras palabras. El tono de la voz comunica un 38 por ciento y el 55 por ciento restante incluye expresiones

faciales, postura general, tanto como gesticulaciones de cuerpo y manos. Así pues, la comunicación incluye mucho más que las palabras; incluye la persona entera, especialmente el motivo del espíritu de la persona.

Los aspectos positivos del espíritu humano benefician la comunicación.

Las Escrituras identifican varios humores o disposiciones positivos y negativos que reflejan nuestro verdadero espíritu. El espíritu escondido, lo que la persona proyecta, afectará su comunicación. Considere estos humores positivos que reflejan el espíritu y que animan a la comunicación. Lea cada referencia:

- El espíritu dispuesto—Éxodo 35:21; Mateo 26:41
- El espíritu ferviente—Hechos 18:25; Romanos 12:11
- El espíritu manso—1ª Corintios 4:21; 5:4; Gálatas 6:1
- El espíritu de unificación—Efesios 2:22; 4:3; Filipenses 1:27; 2:1-2
- El espíritu de regocijo—Lucas 1:47

Aspectos negativos del espíritu humano que inhiben la comunicación.

Los siguientes reflejos negativos del espíritu del hombre inhiben la comunicación. Considere cada uno y lea las referencias de apoyo.

- El espíritu herido—Génesis 26:35; Éxodo 6:9; Daniel 2:1
- El espíritu pecaminoso o endurecido—Números 5:14; Deuteronomio 2:30
- El espíritu enfadado—Génesis 4:6-8

Necesitamos preguntarnos, "¿Proyecto un espíritu positivo o negativo hacia mi pareja?" y, "¿Le he permitido al Espíritu Santo tener influencia sobre mi espíritu humano?" A medida que las parejas van vigilando sus espíritus humanos y permitiendo que el fruto del Espíritu Santo fluya de sus vidas, la comunicación buena y amorosa surgirá como resultado natural.

LA COMUNICACIÓN EFECTIVA REQUIERE CORRECCIONES DELIBERADAS.

Innumeradas veces, los consejeros matrimoniales escuchan estas quejas, "¡Es imposible—nunca podremos comunicarnos!" Cuando las parejas llegan hasta este grado de desánimo, pueden estar seguros de que Satanás y el pecado son una parte de la comunicación de la pareja. Cuando el pecado interrumpe nuestra comunicación, las Escrituras nos enseñan a dar ciertos pasos para restaurar el poder del Espíritu Santo y para escapar del engaño de Satanás.

Por una decisión voluntaria, las parejas deben elegir apartar sus viejas naturalezas y liberar sus nuevos espíritus.

Los maridos y las mujeres deben creer, basado en las Escrituras, que Dios les ha dado una capacidad nueva disponible solamente a los creyentes en Cristo. Deben "despojaos del viejo hombre, que está viciado conforme a los deseos engañosos, y renovaos en el espíritu de vuestra mente, y vestíos del nuevo hombre, creado según Dios en la justicia y santidad de la verdad." (Efesios 4:22-24).

Anime su capacidad espiritual de comunicar y motive su pareja al elogiar sus esfuerzos.

Las parejas deben dejar su enfado y el espíritu de no perdonar.

Para asegurar aún más la paz, Pablo escribió, "Airaos, pero no pequéis; no se ponga el sol sobre vuestro enojo, ni deis lugar al diablo." Luego el apóstol añade, "Quítense de vosotros toda amargura, enojo, ira, gritería y maledicencia, y toda malicia" (Efesios 4:26-27, 31). Cuando se presenta alguna de estas actitudes—amargura, pasiones, enojo, gritos o insultos—no puede haber comunicación edificante. Usted y su pareja deben darse cuenta de que estas actitudes son el fruto de sus viejas naturalezas pecaminosas.

Desafortunadamente, estas actitudes dañinas son naturales. Sin fe agresiva, las parejas nunca podrán escaparse de estas tendencias naturales. A menudo hace falta mucha oración, y a veces, consejo sabio para romper estos hábitos.

Las parejas deben resolver su enfado rápidamente.

¿Por qué es importante resolver el conflicto rápidamente y prefereblemente antes de que se ponga el sol? Porque si no lo hacemos, las cosas supuran y crecen hasta que se complican demasiado. No se acueste, si es posible, sin resolver su problema. Si no se puede resolver antes de dormirse, ponga una hora para el próximo día para resolverlo. El hábito de resolver los problemas con rapidez crea un atmósfera de paz y armonía en el hogar.

Satanás quiere que los esposos y las esposas se enfoquen en lo feo de los pecados de su pareja. De esa manera cada uno sentirá que su enfado es razonable. ¿Cuántas parejas han sido destruidos por las palabras, "Te perdono, pero nunca podré olvidarlo ni fiarme de ti otra vez."? ¿Es esa la manera santa de perdonar? ¡Desde luego que no! Dios perdona y olvida, y desea que nosotros hagamos lo mismo. Puede que haga falta tiempo para ganar confianza de nuevo.

El perdón es esencial para la buena comunicación.

La prueba final de la capacidad de la pareja al comunicarse llega cuando intentan controlar los conflictos. Las siguientes cinco exhortaciones, fundadas en las Escrituras, son vitales para cumplir esto con éxito.

1. Únense con una actitud de bondad y preocupación (Efesios 4:29, 32).

El rechazo, el miedo y la amargura destruyen la comunicación y los conflictos no pueden resolverse en un entorno amenazador. Así que las parejas deben buscar la perspectiva de Dios al establecer un entorno de bondad y preocupación. Deben ser "benignos unos con otros, misericordiosos, perdonándoos unos a otros, como Dios también os perdonó a vosotros en Cristo," además deben "[vestirse], pues, como escogidos de Dios, santos y amados, de entrañable misericordia, de benignidad, de humildad, de mansedumbre, de paciencia" (Efesios 4:32; Colosenses 3:12).

Estas actitudes forman la "puerta" que los maridos y las mujeres deben cruzar si esperan resolver sus diferencias.

2. Establezcan un entorno de vulnerabilidad mutuo (2ª Corintios 2:4).

La vulnerabilidad es la habilidad de compartir los sentimientos, pensamientos, preocupaciones y aspiraciones más profundas sin temor de rechazo. Antes de que las diferencias puedan resolverse, ambas personas deben poder confiar el uno del otro lo

> El hábito de resolver los problemas con rapidez crea un atmósfera de paz y armonía en el hogar.

suficiente para compartir abiertamente sin ser insultado ni reñido.

La vulnerabilidad requiere transparencia—demostrar una sinceridad y honestidad al contar acontecimientos, opiniones y sentimientos. Si una persona llega a ser realmente transparente, la otra persona sentirá esa confianza, amor y respeto. Ser vulnerable dice, "Te respeto y confío lo suficiente en ti como para ser transparente." La transparencia dice, "Te amo," y, "Te necesito."

3. Háganse oyentes eficaces (Santiago 1:19).

En lugar de escuchar, solemos caer en alguna de estas trampas:
- Fingir escuchar sin intentar comprender.
- Formular su respuesta antes de que su pareja termine de hablar.
- Oído selectivo—sólo acepta lo que le parece bien.
- Llegar a la conversación ya habiendo juzgado.

4. El oír eficaz resuelve las diferencias al clarificar el significado de lo que una persona dice y siente.

Las parejas que realmente quieran escucharse y luego actuar al tomar acciones correctivas serán eficaces al comunicarse y resolver conflictos. Considere lo siguientes cinco características del oír eficaz:
- Escuchar incluye crear un entorno de comprensión sin amenazas.
- Escuchar incluye cerrar la boca y prestar atención.
- Esuchar incluye buscar clarificación.
- Escuchar incluye más que simple compasión; requiere empatía.
- Escuchar incluye demostrar un espíritu dispuesto a aprender.

5. Diga la verdad en amor (Efesios 4:15).

Aquí le facilitamos con siete elementos a recordar al hablar la verdad en amor.
- La meta debe ser restaurarle a su pareja (Gálatas 6:1).
- El motivo debe ser ganar entendimiento (1ª Timoteo 1:5).
- El método debe ser evitar comentarios que puedan dar comienzo al "ciclo de insultos" (Proverbios 16:24; 20:3).

Casi siempre, nuestras lenguas bloquean la resolución de conflictos. La crítica y llamarse nombres feos son acciones destructivas. Decir la verdad en amor eliminará las lenguas sueltas. Teniendo esto en cuenta, evite:
- Las palabras explosivas
- El sarcasmo, ridículo o inuendo
- Las peleas verbales
- Las palabras como "siempre" y "nunca"
- Culparse el uno al otro

- Su deseo tiene que ser controlar sus emociones (Proverbios 14:29).
- Una buena técnica para escuchar es parar y repetir el argumento de su pareja en otras palabras.
- El lugar y la hora de su comunicación son importantes (Proverbios 15:23; 27:14).
- Es necesario llegar a una resolución rápida (Efesios 4:26).

La Biblia declara que debemos estar dispuestos a perdonar hasta 70 veces seite (Mateo 18:21-22). Esto fluye del principio de fe número cuatro: en lugar de culpar, devolver una bendición. Dar y recibir perdón es un tema no negociable al resolver conflictos y crear mejor comunicación con su pareja. Su habilidad de perdonarle a su pareja se relaciona directamente con la habilidad de su pareja de rebotar del conflicto y del pecado y de perdonarle a usted también.

Cuando usted dice, "Es que no puedo perdonarte por lo que hiciste," lo que realmente sale de su boca es, "Elijo no perdonarte." El perdón es un acto de voluntad basado en la fe en Cristo (véanse Mateo 6:14-15; Efesios 4:32).

¿Por qué es tan crucial el perdón para que vaya bien la comunicación en su matrimonio? Porque si la amargura y el temor imperdonados supuran, la pizarra no está limpia. Las parejas tienen que poder perdonar los pecados pasados y mirar hacia el futuro con esperanza. ¿Cuántas veces nos pidió Cristo que perdonaramos? Setenta veces siete. Cuando llegue a 490, ¿quién sigue contando? Ya que Dios nos ha perdonado en su gracia, nosotros también debemos perdonar a los demás o pisamos la gracia que Dios nos ha regalado.

Cuando su pareja le falla, confíese automáticamente al Señor. Busque Su perspectiva sobre el tema. Deje la venganza para el Señor (Romanos 12:14-20), sabiendo que solamente Él puede obrar eficazmente en la vida de su pareja. Confíe en las promesas de Dios de bendiciones futuras al seguir Sus mandamientos.

MUÉVESE RÁPIDAMENTE HACIA LA RESOLUCIÓN DE CONFLICTOS.

*U*na vez que le haya confesado a Dios el comportamiento o los sentimientos negativos, llega la hora de resolver cualquier conflicto que tenga con su pareja. Acuérdese de que Dios sabe cada detalle del conflicto. Aunque pueda haber una manera común de llegar a la resolución de su conflicto, puede que Él tenga una forma nueva y creativa para resolverlo. Confíe en Él para que le lleve hacia el mejor método de resolución.

A medida que Dios les lleve a usted y su pareja a resolver conflictos, confíe en Él de que restaurará también los sentimientos positivos entre usted y su pareja. Si se lo permite, puede restaurarles completamente a usted y su pareja y unir su matrimonio de nuevo.

Resumiendo...

Es interesante el resumen que da Pedro al capítulo que escribió sobre el matrimonio:

Finalmente, sed todos de un mismo sentir, compasivos, ámándoos fraternalmente, misericordiosos, amigables; no devolviendo mal por mal, ni maldición por maldición, sino por el contrario, bendiciendo, sabiendo que fuisteis llamados para que heredaseis bendición. (1ª Pedro 3:8-9)

Resulta que estas características con las mismas que las que se le atribuyen a Jesús. Si vemos el matrimonio correctamente según la intención de Dios, si nos sometemos a Sus propósitos y planes, si caminamos por el poder del Espíritu, si aprendemos a amar con Su amor—verdaderamente heredamos una bendición. La relación de matrimonio es una herramienta significativa utilizado para conformarnos a la imagen de Cristo, ¡y el resultado es la unión!

Por favor, lea el siguiente tema, Seguir con el viaje.

Seguir con el VIAJE

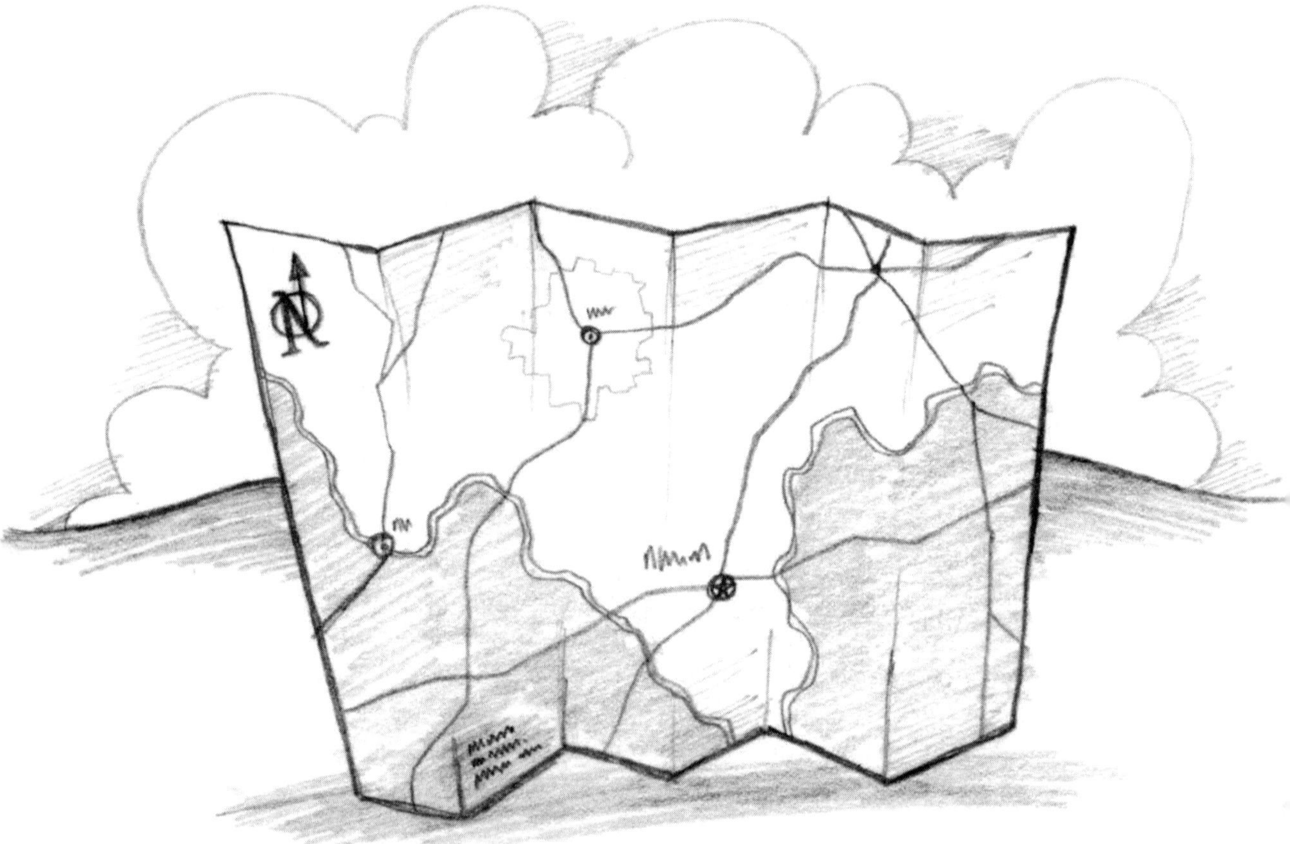

Goza de la vida con la mujer que amas,

todos los días de la vida de tu vanidad que te son

dados debajo del sol,

todos los días de tu vanidad;

porque esta es tu parte en la vida...

(ECCLESIASTÉS 9:9)

SEGUIR CON EL VIAJE

Esperemos que haya avanzado bastante en su viaje desde la actuación hacia la fe. Las lecciones aprendidas en este estudio solo se harán realidad si actuamos en fe sobre los principios ordenados por Dios para la unión.

Se requiere tiempo y esfuerzo para descubrir totalmente la relación basada en la fe. Pero no se equivoque—comienza al comprender y aceptar los cinco principios de fe para la unión. Desde allí en adelante, cuando llegan las luchas del matrimonio (y recuerde, ¡van a llegar!), entonces es nuestra responsabilidad actuar y aplicar los principios de fe.

El matrimonio, como sabe, es más que el día de la boda. Es un viaje juntos. ¿No sería genial si en 1, 5, 10 o 50 años, se acordara de este estudio como el primer paso hacia el modelo de fe en su relación en lugar de depender de la actuación?

COMPROMÉTESE EN SU MATRIMONIO A UNA VISIÓN DE LA UNIÓN A LARGO PLAZO BASADA EN LA FE.

Le va a hacer falta una visión de fe a largo plazo para tener una unión duradera en su matrimonio. Hay tres compromisos esenciales que se necesitan para un gran matrimonio. Son: (1) Hacer sus compromisos de fe, (2) Compartir sus compromisos de fe con los demás y (3) Tener una visión final de glorificarle a Dios.

Haga los compromisos de fe en su matrimonio ahora mismo.

La característica distintiva de una relación de fe es que ambas personas miran más allá de la actuación del otro hacia la soberanía y las promesas de Dios. A medida que revise los cinco principios de fe, dibuje una línea en la arena de su matrimonio. Haga un compromiso hoy de tejer estos elementos en su vida cotidiana.

PRINCIPIO DE FE NÚMERO UNO:
Por fe debemos comprometernos a los propósitos de Dios de reflejar Su imagen, reproducir una herencia divina y reinar en guerra espiritual.

PRINCIPIO DE FE NÚMERO DOS:
Por fe debemos recibir a nuestra pareja de Dios como su provisión personal para nuestras necesidades individuales.

PRINCIPIO DE FE NÚMERO TRES:
Por fe debemos comprometernos diariamente a liberar el poder del Espíritu Santo en nuestras vidas.

PRINCIPIO DE FE NÚMERO CUATRO:
Por fe, debemos someternos a las únicas fuerzas bíblicas activas y reactivas para el cambio matrimonial: el amor ágape y la bendición.

PRINCIPIO DE FE NÚMERO CINCO:
Por fe, debemos buscar la sabiduría de Dios acerca de nuestras responsabilidades de amor y respeto mutuos.

Solamente cuando usted y su pareja comprendan estas creencias de fe y se comprometan a ellas individualmente, podrán viajar como pareja hacia una relación basada en la fe.

TERMINE EL VIAJE COMPARTIENDO Y GLORIFICÁNDOLE A DIOS.

Recuerde, si la relación no es de, está basada en la actuación, lo que conlleva desilusión, daño, rechazo y amargura. La fe, por otra parte, conlleva esperanza, compasión, creatividad y amor *ágape*.

Usted y su pareja viven o por la fe o por la actuación.

Mantenga estos compromisos de fe vigentes en sus vidas, compartiéndolas con los demás.

Muchas parejas escuchan estos principios de fe pero no llegan a comprometerse totalmente a ellos. Luego, tras un corto período de tiempo, pierden el contacto con los principios y empiezan a dudar de sus compromisos. Compartir los principios de fe con los demás es una manera invalorable de mantener vigente su compromiso de fe en su matrimonio. Ocurren dos cosas al responsabilizarse de compartir verdades bíblicas con los demás. Primero, se acuerda de ellos por sí mismo y es renovado en su matrimonio. Segundo, cuando osa compartir con los demás, su comprensión se profundiza porque debe responder ante las preguntas de los demás.

Pablo conocía estos beneficios al instruirle a Timoteo, "Y lo que me has oído decir delante de muchos testigos, encárgaselo a hombres de confianza que sean capaces de enseñárselo a otros" (2ª Timoteo 2:2).

Este estudio en grupo fue escrito con la intención de ayudarle a entrar en este proceso. Si se ha dado cuenta, las parejas que llevan el estudio no tenían requisito de ser "profesores." Casi cualquier persona que disfrute de la gente puede aprender a llevar un grupo. Pregúntale a su líder como puede formar parte del seguimiento de este curso, tal vez, facilitando otra clase.

2ª Timoteo 2:2 nos dice que enseñemos a los demás. ¿Por qué? Porque a medida que les enseñamos a los demás, los principios se profundizan aún más en nuestras vidas. Si este estudio le ha impactado la vida, le animamos y le desafiamos a ser maestros de clases matrimoniales. A medida que les ayuda a los demás, se sorprenderá de lo que va a profundizar su matrimonio.

> Compartir estos principios de fe es una manera inestimable de mantener vigente su compromiso de fe en su matrimonio.

Tenga una visión más allá de su matrimonio: glorificarle a Dios.

Dios quiere que las parejas se hagan uno en el matrimonio para que estén equipados para servirle y glorificarle con eficacia. Este comisión encaja bien con la comisión matrimonial del primer capítulo de Génesis de reflejar la imagen de Dios, reproducir Su imagen mediante una herencia divina y reinar sobre la tierra en guerra espiritual.

Cuando le servimos a Dios, nuestros matrimonios se benefician de gran manera. Se hacen más enfocados y productivos. Se enfrentan a menos presión, al aumentar los dones y talentos de cada persona.

Además, cuando hacemos *el servirle y glorificarle a Dios nuestra meta principal*, nunca será anticuado. Si vive hasta los ochenta, servirle a Dios nunca será aburrido. Puede que sus hijos se vayan de la casa y que se jubile de su vocación, pero su gozo al servirle a Dios nunca se marchitará.

El ministerio crece mejor con la edad. Asegura propósito y productividad en su matrimonio y en su vida hasta que el Señor le acompañe a su hogar eterno. No importa su edad, raza ni situación económica, usted y su pareja vivirán plenamente en el servicio del Rey. John Piper lo dijo bien en su libro Desiring God, cuando escribió, "Dios se glorifica más en nosotros cuando nosotros estamos satisfechos con Él." Seguir con el viaje resultará en tener la satisfacción básica en Dios, no en nuestro matrimoni, nuestra pareja ni en nuestros hijos. Solamente Él es el Autor y Perfeccionador de nuestro viaje matrimonial contínuo. La trinidad de Dios es el único medio de seguir con el viaje y llegar hasta la meta.

Dios es fiel a Su Palabra. Si aprende y hace estos compromisos de fe, renovando su comprensión de ellos constantemente al enseñarles a los demás, experimentará las bendiciones de Dios para su vida juntos.

Goza de la vida con la mujer que amas, todos los días de la vida de tu vanidad que te son dados debajo del sol, todos los días de tu vanidad; porque esta es tu parte en la vida, y en tu trabajo con que te afanas debajo del sol. (ECLESIASTÉS 9:9)

Finalmente, un pensamiento para concluir. El viaje hacia el gozo y la intimidad matrimonial nunca llegará a su completa realización aquí en este mundo y en esta vida, no importa nuestros motivos ni principios. Es como ha dicho C.S. Lewis en su libro *Mero Christianismo*, hay un nuevo mundo por venir en el que nuestros anhelos se cumplirán por fin:

El cristiano dice: "Las criaturas no nacen con deseos a menos que exista la satisfacción de esos deseos. Un niño recién nacido siente hambre: bien, existe algo llamado comida. Un patito quiere nadar: bien, existe algo llamado agua. Los hombres sienten deseo sexual: bien, existe algo llamado sexo. Si encuentro en mí mismo un deseo que nada de este mundo puede satisfacer, la explicación más probable es que fui hecho para otro mundo. Si ninguno de mis placeres terrenales lo satisface, eso no demuestra que el universo es un fraude. Probablemente los placeres terrenales nunca estuvieron destinados a satisfacerlos, sino sólo a excitarlos, a sugerir lo auténtico. Si esto es así, debo cuidarme, por un lado, de no despreciar nunca, o desagradecer, estas bendiciones terrenales, y por otro, no confundirlos con aquello otro de lo cual estos son una especia de copia, o eco, o espejismo. Debo mantener vivo en mí mismo el deseo de mi verdadero país, que no encontraré hasta después de mi muerte; …debo hacer que el principal objetivo de mi vida sea seguir el rumbo que me lleve a ese país y ayudar a los demás a hacer lo mismo." (C. S. Lewis)

> **El viaje al gozo e intimidad maritales nunca encontrará su satisfacción total en este mundo y en esta vida.**

Padre Celestial, gracias por la manera de la que Tu Palabra ha transformado mi perspectiva del matrimonio en las últimas ocho semanas. Por Tu gracia, Señor, pido que construyas una muralla espiritual alrededor de nosotros para que nada pueda robarnos de nuestra unión. Te pido, Señor, que nos demos cuenta de que nos encontramos en medio de una guerra espiritual. Señor, me comprometo a involucrarme en ayudar a enseñar estas verdades a los demás en el futuro. Tengo ganas de enseñarles a mis hijos. Te pido que nuestro matrimonio cumpla Tu voluntad al reflejar Tu imagen, reproducir una herencia divina y reinar en guerra espiritual durante todos los días de nuestras vidas. En el nombre de Jesús, Amén.

Christian Family Life le desea lo mejor de Dios al construir su relación de fe. Gracias por apartar el tiempo de realizar este estudio. Esperamos que haya sido desafiado y recompensado. Además les agradecemos a los líderes de esta clase por comprometerse a compartir estas verdades con usted. Oramos que ustedes también se conviertan en líderes, llevando otras personas por este material matrimonial que cambia vidas. Que Dios bendiga sus vidas ricamente mientras sigan buscándole a Él.

CONOZCA A LOS CREADORES DEL VIAJE

El estudio en grupo de Dos haciéndose uno ha sido desarrollado por el ministerio de Christian Family Life. La visión de Christian Family Life es "Enseñar los principios de Dios para las relaciones a los cristianos para que ellos conozcan más íntimamente a Cristo y para que sea liberados a servirle con más eficacia." Este es la meta de este libro de ejercicios y de su grupo de estudio.

Christian Family Life fue fundado en 1971 cuando varias parejas de distintas iglesias se unieron a Don y Sally Meredith en su búsqueda de los principios bíblicos del matrimonio. Entre estas parejas estaban Dr. Barry y Mary Leventhal y Dr. Joseph y Linda Dillow. Empezaron a escrudiñar las Escrituras, y de su estudio de Génesis capítulos 1 y 2 y Efesios capítulo 5, comenzaron a surgir los principios sobrenaturales de fe que se mencionan en este libro de ejercicios. Don y Sally también ayudaron a fundar el Family Life Ministry de Campus Crusade for Christ (Ágape). Muchos de los principios de fe enseñados en este estudio se presentan en los seminarios populares "Weekend to Remember" (fin de semana inolvidable) que son también del ministerio de Family Life.

Varias parejas e individuos con taento han sido indispensables al desarrollo y publicación de este libro de ejercicios. Dr. Barry Leventhal ha seguido teniendo influencia sobre este material desde su comienzo y en todas las formas que ha tomado durante estos últimos treinta años. Tenemos una deuda enorme con el escritor Brian Goins por su increíble "manera con las palabras" en todo el manual. Apreciamos a Chuck y Lorianne Merritt por su ánimo, ideas invalorable y habilidades de imprenta durante más de una década.

Desde su nacimiento en 1971, Christian Family Life ha presentado los principios encontrados en este estudio a cientos de miles de personas (en seminarios y clases). Si le gustaría más información sobre estos principios o sobre ser un líder de estudio en grupo, siéntese libre de contactarnos:

Christian Family Life, Inc.
001.800.264.3876
o visitando nuestra página web:
www.2becoming1.com

DIARIO DE ORACIÓN

"Orad unos por otros." (SANTIAGO 5:16)

Nombre: _____   Pareja: _____

Tel. Fijo: _____   Hijos (edades): _____

Tel. Trabajo: _____   _____

Dirección: _____

_____   _____

Semana	Petición de Oración	Respuesta a la Oración
1		
2		
3		
4		
5		
6		
7		
8	Mi(s) petición(es) de oración a largo plazo:	

DIARIO DE ORACIÓN

"Orad unos por otros." (Santiago 5:16)

Nombre: _____ Pareja: _____

Tel. Fijo: _____ Hijos (edades): _____

Tel. Trabajo: _____ _____

Dirección: _____ _____

_____ _____

Semana	Petición de Oración	Respuesta a la Oración
1		
2		
3		
4		
5		
6		
7		
8	Mi(s) peticion(es) de oración a largo plazo:	

DIARIO DE ORACIÓN

"Orad unos por otros." (S<small>ANTIAGO</small> 5:16)

Nombre: _____   Pareja: _____

Tel. Fijo: _____   Hijos (edades): _____

Tel. Trabajo: _____   _____

Dirección: _____   _____

_____   _____

Semana	Petición de Oración	Respuesta a la Oración
1		
2		
3		
4		
5		
6		
7		
8	Mi(s) peticion(es) de oración a largo plazo:	

DIARIO DE ORACIÓN

"Orad unos por otros." (SANTIAGO 5:16)

Nombre: _____ Pareja: _____

Tel. Fijo: _____ Hijos (edades): _____

Tel. Trabajo: _____

Dirección: _____ _____

_____ _____

Semana	Petición de Oración	Respuesta a la Oración
1		
2		
3		
4		
5		
6		
7		
8	Mi(s) petición(es) de oración a largo plazo:	

DIARIO DE ORACIÓN

"Orad unos por otros." (SANTIAGO 5:16)

Nombre: _____ Pareja: _____

Tel. Fijo: _____ Hijos (edades): _____

Tel. Trabajo: _____ _____

Dirección: _____ _____

_____

Semana	Petición de Oración	Respuesta a la Oración
1		
2		
3		
4		
5		
6		
7		
8	Mi(s) peticion(es) de oración a largo plazo:	

DIARIO DE ORACIÓN

"Orad unos por otros." (Santiago 5:16)

Nombre: _____   Pareja: _____

Tel. Fijo: _____   Hijos (edades): _____

Tel. Trabajo: _____   _____

Dirección: _____   _____

_____

Semana	Petición de Oración	Respuesta a la Oración
1		
2		
3		
4		
5		
6		
7		
8	Mi(s) peticion(es) de oración a largo plazo:	

DIARIO DE ORACIÓN

"Orad unos por otros." (SANTIAGO 5:16)

Nombre: _____ Pareja: _____

Tel. Fijo: _____ Hijos (edades): _____

Tel. Trabajo: _____ _____

Dirección: _____ _____

Semana	Petición de Oración	Respuesta a la Oración
1		
2		
3		
4		
5		
6		
7		
8	Mi(s) peticion(es) de oración a largo plazo:	

RECOMPROMISO DE LOS VOTOS MATRIMONIALES

(Que las parejas se cojan de la mano mientras el lider lee el siguiente apartado en voz alta.)

"¿Acepta su pareja como un regalo de Dios y jura guardarle en amor y honor, en deber y servicio, en fe y ternura, viviendo con él o ella y quieriéndole según la ordenanza de Dios, en la santa unión del matrimonio, incluyendo los siguientes compromisos? Si es así, digan "Sí queremos" tras cada una de las siguientes declaraciones.

- ¿Se comprometen a basar su relación en la fe en lugar de en la actuación?
- ¿Se comprometen a cumplir el propósito de Dios para su matrimonio al reflejar la imagen de Dios, reproducir una herencia divina y reinar juntos en guerra espiritual?
- ¿Se comprometen a recibir su pareja como la provisión personal de Dios para sus necesidades de soledad?
- ¿Se comprometen a permitir que el Espíritu Santo de Dios controle todos los aspectos de su matrimonio?
- ¿Se comprometen a amar (ágape) su pareja en sacrificio?
- ¿Se comprometen a devolver una bendición cuando les hacen mal?
- ¿Se comprometen a confiar en la sabiduría de Dios en sus papeles de amor y sumisión?
- ¿Se comprometen a seguir los principios de comunicación de Dios?
- ¿Se comprometen a seguir los principios de resolver conflictos de Dios?
- ¿Se comprometen a buscar agresivamente la perspectiva de Dios en cuanto al sexo y el romance?
- ¿Se comprometen a reconocer y buscar la perspectiva de Dios al pasar por pruebas?

"Si ustedes, como pareja unida, han respondido "Sí queremos" a cada uno de los previos compromisos, entonces, como parejas individuales, lean la siguiente declaración en voz alta."

(Los maridos leen la siguiente declaración de recompromiso matrimonial a sus mujeres. Después de que el marido haya recitado su recompromiso, la mujer responde al leer su recompromiso al marido.)

"Hoy, ante el Dios todopoderoso,, y en plena apreciación de los propósitos bíblicos de Dios para el matrimonio, yo, _____, me recomprometo a usted, _____, a ser mi marido/mujer en plenitud y en falta, en gozo y en tristeza, en enfermedad y salud, durante el tiempo que vivamos. En el nombre del Padre, y del Hijo, y del Espíritu Santo. Amén."

Firmamos nuestros nombres en testimonio al anterior recompromiso, como indicación de nuestro deseo de honrarnos y de glorificarle a Dios mediante el poder del Espíritu Santo.

Firmado:

Esposo _____ Testigos _____

Esposa _____ Testigos _____

Fecha: ____/____/____

CARTAS DE LOS VERSÍCULOS DE MEMORIZACIÓN

VERSÍCULO DE MEMORIZACIÓN
DE LA PRIMERA SEMANA:

*Y creó Dios al hombre a su imagen,
a imagen de Dios lo creó;
varón y hembra los creó.*
(GÉNESIS 1:27)

VERSÍCULO DE MEMORIZACIÓN
DE LA SEGUNDA SEMANA:

*Por tanto, dejará el hombre
a su padre y a su madre,
y se unirá a su mujer,
y serán una sola carne.*
(GÉNESIS 2:24)

---

*VERSÍCULO DE MEMORIZACIÓN
de la TERCERA SEMANA:*

*Mas el Consolador, el Espíritu Santo,
a quien el Padre enviará en mi nombre,
él os enseñará todas las cosas,
y os recordará todo lo que yo os he dicho.*
(JUAN 14:26)

VERSÍCULO DE MEMORIZACIÓN
DE LA CUARTA SEMANA:

*Nada hagáis por contienda o por vanagloria;
antes bien con humildad, estimando cada uno a
los demás como superiores a él mismo;
no mirando cada uno por lo suyo propio,
sino cada cual también por lo de los otros.*
(FILIPENSES 2:3-4)

VERSÍCULO DE MEMORIZACIÓN
DE LA QUINTA SEMANA:

Someteos unos a otros en el temor de Dios.
(EFESIOS 5.21)

VERSÍCULO DE MEMORIZACIÓN
DE LA SEXTA SEMANA:

Hermanos míos, tened por sumo gozo cuando os halléis en diversas pruebas, sabiendo que la prueba de vuestra fe produce paciencia. Mas tenga la paciencia su obra completa, para que seáis perfectos y cabales, sin que os falte cosa alguna.
(SANTIAGO 1:2-4)

VERSÍCULO DE MEMORIZACIÓN
DE LA SÉPTIMA SEMANA (MUJERES):
Mi amado es mío, y yo suya...y conmigo tiene su contentamiento. (CANTAR DE CANTARES 2:16; 7:10)

VERSÍCULO DE MEMORIZACIÓN
DE LA SÉPTIMA SEMANA (HOMBRES):
Alégrate con la mujer de tu juventud...y en su amor recréate siempre. (PROVERBIOS 5:18-19)

VERSÍCULO DE MEMORIZACIÓN
DE LA OCTAVA SEMANA:

*Ninguna palabra corrompida salga
de vuestra boca, sino la que sea buena para la
necesaria edificación,
a fin de dar gracia a los oyentes.*
(EFESIOS 4:29)